RABBIT R1
BENUTZERHANDBUCH
FÜR ANFÄNGER

Eine vollständige Schritt-für-Schritt-Anleitung mit wichtigen Tipps und Tricks

Von

LINUS NADELLA

Copyright © 2024 von Linus Nadella

Alle Rechte vorbehalten. Kein Teil dieses Buches darf ohne vorherige schriftliche Genehmigung des Herausgebers in irgendeiner Form oder mit irgendwelchen Mitteln, einschließlich Fotokopieren, Aufzeichnen oder anderen elektronischen oder mechanischen Verfahren, reproduziert, verbreitet oder übertragen werden, außer im Falle kurzer Zitate in kritischen Rezensionen und bestimmter anderer nichtkommerzieller Verwendungen, die durch das Urheberrecht gestattet sind.

Haftungsausschluss

Autor und Verlag haben sorgfältig darauf geachtet, dass die in diesem Buch enthaltenen Informationen korrekt sind. Dennoch lehnen sie ausdrücklich jegliche ausdrückliche oder stillschweigende Gewährleistung hinsichtlich der Genauigkeit oder Vollständigkeit der Informationen auf diesen Seiten ab. Autor und Verlag können nicht für Schäden haftbar gemacht werden, die aus der Nutzung dieses Buches entstehen oder damit in Zusammenhang stehen.

Inhaltsverzeichnis

Einführung 5

Kapitel 1 7
  Hauptmerkmale des Rabbit R1 7
    Spezifikationen des Rabbit R1-Geräts 7
    Integration von Wolfram Alpha auf Rabbit R1 13
    Das bevorstehende Teach-Modus-Update 14
    Die kommende generative Benutzeroberfläche 17
    Kürzliche Updates 18

Kapitel 2 22
  Auspacken des Rabbit R1-Geräts 22
    Schritt 1: Auspacken des Rabbit R1 23
    Schritt 2: Booten Sie Ihren Rabbit R1 26
    Schritt 3: Aktivieren und Verknüpfen Ihres Rabbithole-Kontos 30

Kapitel 3 34
  Ein genauer Blick auf das Rabbithole-Portal 34
    Mögliche zukünftige Änderungen am Kaninchenbau 36
    Unsicherheiten und Einschränkungen des Rabbithole 38

Kapitel 4 40
  Interaktion mit dem Rabbit AI Assistant 40
    15 Möglichkeiten, den KI-Assistenten Ihres Rabbit R1 für eine nahtlose Interaktion zu optimieren 41
    Das Large Action Model (LAM) verstehen 46

Kapitel 5 49
  Das Einstellungsmenü 49

Kapitel 6 55
  Datenschutz und Sicherheit des Rabbit R1 55

Die Rolle des Mikrofons 56
Rabbits Verpflichtung zum Datenschutz bei der Infrastrukturgestaltung 57
AuDasntifizierung und Benutzersicherheit 58
Einschränkungen des Rabbit R1 AI Companion 59

Kapitel 7 62

101 Dinge, die Ihr Rabbit R1 tun kann (Intelligente Sprachansagen inklusive).... 62
Grundfunktionen: 62
Unterhaltungsideen: 65
Lern- und Produktivitätsaufforderungen: 68
Information und Kommunikation: 71
Fotografie und Kreativität: 73
Erweiterte Verwendungen: 76
Unkonventionelle Verwendungen: 81
Freizeit: 82
Wissenserkundung: 83
Kinder und Familie: 85
Organisation: 86
Lustige Verwendungsmöglichkeiten: 87
Soziale Interaktion: 89
Gesundheit und Fitness: 90
Vorteile der Reiseplanung mit Ihrem Rabbit R1 94

Kapitel 8 96

Pflege Ihres R1: Anbringen der benutzerdefinierten Hülle und des Schutzglases 96
Schutz für Ihr R1 96
Reinigen Ihres R1-Geräts 99
Gebührenetikette 99
Sicherheitstipps: 100
Installieren eines benutzerdefinierten Skins auf Ihrem Rabbit R1 100
So schützen Sie Ihr Rabbit R1 mit gehärtetem Glas: Eine umfassende Anleitung 109

20 erstaunliche historische Fakten über KI 114

Abschluss 119

Einführung

Willkommen in der erstaunlichen Welt des Rabbit R1. Ein KI-gestütztes Gerät, das Sie möglicherweise dazu bringt, Ihren anspruchsvollen Smartphones weniger Aufmerksamkeit zu schenken. Dieses orangefarbene technische Wunder ist kein Telefonersatz, sondern ein virtueller Assistent im Taschenformat, der bestimmte Aufgaben mit mehr Finesse erledigt als Ihr Smartphone.

Neugierig? Wir auch. Nach dem spektakulären CES-Debüt des Rabbit R1 haben wir eine der ersten Bestellungen erhalten und sind bereit, sein Potenzial zu erkunden. Aber bevor wir seine Wunder entfesseln, werfen wir einen Blick in die Verpackung.

Ein kleines Versehen – der Box fehlt ein Ladekabel. Es wird von einem Standard-Lithium-Ionen-Akku betrieben und verwendet einen gängigen USB-Typ-C-Anschluss. Das bedeutet, dass Sie jedes vorhandene Kabel und jeden Adapter zum Aufladen verwenden können. Während die meisten Geräte, sogar Smartphones mit schlanker Verpackung, heutzutage ein Kabel enthalten, ist dies ein kleines Hindernis für ein ansonsten spannendes Gerät.

Der Rabbit R1 reitet auf der Welle innovativer KI-Geräte, die parallel zum Erfolg von Chatbots wie ChatGPT auftauchen. Anders als die Software Ihres Telefons verfügt der R1 über ein einzigartiges Betriebssystem, das von einem "Large Action Model" angetrieben wird. Stellen Sie es sich als eine aufgeladene Version der Sprachmodelle vor, die textbasierte KIs antreiben.

Laut seinen Entwicklern ist der R1 darauf trainiert, die menschliche Interaktion mit Apps und Diensten nachzuahmen, wodurch wiederholtes manuelles Tippen möglicherweise überflüssig wird. Kann er die Art und Weise, wie wir mit Technologie interagieren, wirklich revolutionieren?

Bleiben Sie dran, während wir die Tiefen des Rabbit R1 erkunden! Dieses Benutzerhandbuch ist Ihr Leitfaden, um sein volles Potenzial, seine Macken und alles andere auszuschöpfen. Wir beginnen mit der Einrichtung und erkunden seine einzigartigen KI-Fähigkeiten. Wir bringen Ihnen sogar 101 Dinge bei, die Sie mit Ihrem R1 tun können, und werden im Handumdrehen zum Power-User dieses orangefarbenen Wunders.

Kapitel 1

Hauptmerkmale des Rabbit R1

Denken Sie daran, dass der Rabbit R1 mehr als nur ein technisches Gerät ist; er ist ein Lernbegleiter, der sich Ihren Vorlieben anpasst. Wenn Sie seine wichtigsten Funktionen kennen, können Sie das volle Potenzial dieses KI-Assistenten ausschöpfen!

Spezifikationen des Rabbit R1-Geräts

Maße:

Das kompakte und schlanke Rabbit R1 misst 78 mm x 78 mm x 13 mm (3 Zoll x 3 Zoll x 0,5 Zoll) und bietet ein perfektes Gleichgewicht zwischen Tragbarkeit und Funktionalität.

Sprechtaste:

Die Sprachinteraktion erhält beim Rabbit R1 durch die prominent platzierte Push-to-Talk-Taste (PTT) eine zusätzliche Dimension der Benutzersteuerung. Sie funktioniert wie ein Walkie-Talkie und ermöglicht es Benutzern, das Mikrofon manuell zu aktivieren, wenn sie zum Sprechen bereit sind. Diese unkomplizierte Mechanik minimiert versehentliche Auslösungen, signalisiert die Absicht und optimiert den Dialog.

Der bei virtuellen Assistenten standardmäßige "**Immer Bereit**"-Modus birgt die Gefahr, dass Gespräche zufällig unterbrochen werden und dann wiederholte Aussagen erforderlich sind. Mit der PTT-Steuerung bleiben Gespräche jedoch geordnet. Sitzungen werden sofort nach dem Drücken einer Taste ohne vorherige Aktivierungswörter gestartet.

Gewicht:

Mit einem Gewicht von lediglich 115 g gewährleistet der Rabbit R1 ein leichtes und bequemes Benutzererlebnis, ideal für die Nutzung unterwegs.

Akkulaufzeit und Lademöglichkeiten:

Der Rabbit R1 ist für dauerhafte Leistung ausgelegt und bietet eine Akkulaufzeit von über 500 Zyklen bei einer beeindruckenden Rate von 80 %. Das Aufladen ist mit einem Strom von 500 mA und einer robusten Ladekapazität von 1000 mAh effizient. Eine vollständige Aufladung dauert etwa 45 Minuten. Mit zukünftigen

Software-Updates wird die Akkulaufzeit voraussichtlich länger halten.

Video Auflösung:

Die Videofunktionen dieses bahnbrechenden Geräts umfassen 24 fps und eine Auflösung von 1080p und sorgen so für klare und flüssige Bilder.

Erinnerung:

Mit seinem 4 GB großen Arbeitsspeicher bewältigt der Rabbit R1 mühelos unterschiedliche Anwendungen und gewährleistet reibungslose Übergänge zwischen Aufgaben.

Konnektivitätsdetails:

Bleiben Sie nahtlos verbunden mit Bluetooth 5.0, WLAN mit Unterstützung für 2,4-GHz- und 5-GHz-Frequenzen und dem zusätzlichen Komfort der 4G LTE-Funktionen.

Farbe:

Der Rabbit R1 besticht mit seiner leuchtenden Farbe Leuchtorange und verleiht seinem schlanken Design einen Hauch von Flair.

Audioausgang:

Der 2-W-Lautsprecherausgang ermöglicht einen klaren und deutlichen Klang und sorgt so für ein außergewöhnliches Klangerlebnis.

Audioeingang:

Zur Verbesserung der Benutzerinteraktion verfügt der Rabbit R1 über ein duales Mikrofon-Array für hervorragende Audioeingabe- und Spracherkennungsfunktionen.

Anzeige:

Navigieren Sie mühelos mit dem 2,88-Zoll-TFT-Touchscreen. Die reaktionsschnelle und intuitive Benutzeroberfläche sorgt für ein verbessertes Benutzererlebnis.

Prozessor:

Angetrieben vom MediaTek MT6765 Octa-Core-Prozessor (Helio P35) gewährleistet das Rabbit R1 eine schnelle und effiziente Leistung für alle Ihre Computeranforderungen.

Maximale CPU-Frequenz:

Erleben Sie nahtlose Nutzung mit einer maximalen CPU-Frequenz von 2,3 GHz, die Reaktionsfähigkeit und Geschwindigkeit bei jedem Vorgang bietet.

Lagerung:

Mit 128 GB steht Ihnen reichlich Speicherplatz zur Verfügung, der den nötigen Platz für Apps, Medien und Dateien bietet, ohne Kompromisse bei der Leistung einzugehen.

Standortdienste:

Navigieren Sie präzise mit dem Magnetometer und GPS des Rabbit R1 und sorgen Sie so für eine genaue Standortverfolgung.

Bewegungssensor:

Bei diesem Gerät wird die Interaktivität durch einen Beschleunigungsmesser und ein Gyroskop verbessert und ermöglicht so eine intuitive und reaktionsschnelle Bewegungserkennung.

Betriebstemperaturen:

Der Rabbit R1 gedeiht in unterschiedlichsten Umgebungen und hat einen Betriebstemperaturbereich von 0 °C – 45 °C bzw. 32 °F – 113 °F.

Fotoauflösung:

Betrachten Sie Bilder durch die Linsen dieses Geräts mit seiner 8-MP-Kamera, die eine Auflösung von 3264 x 2448 für eine schöne Anzeige bietet.

SIM-Kartensteckplatz:

Bleiben Sie mit dem über das SIM-Kartenfach zugänglichen SIM-Kartensteckplatz ganz nach Ihren Wünschen in Verbindung und können Sie so flexibel Ihren bevorzugten Netzanbieter auswählen und Ihre Kontakte verwalten.

Das analoge Scrollrad:

Für eine unkomplizierte Navigation grenzt ein strukturiertes analoges Scrollrad an den Bildschirm. Seine präzisen Rastungen bieten beim Umschalten ein zufriedenstellendes taktiles Feedback. In Kombination mit Tipp- und Wischbewegungen sorgt dies für eine flüssige Steuerung der Benutzeroberfläche. Egal, ob Sie durch Ergebnisse scrollen oder Karten zoomen, mit dem R1 ist die Interaktion reibungslos.

Das 360-Grad-Rotationsauge:

Auf der Oberseite des R1 befindet sich die Vision-Kamera, eine 8-Megapixel-Kamera auf einer drehbaren Halterung. Sie kann horizontal um 360 Grad geschwenkt und horizontal bis zu 30 Grad geneigt werden. Ihr Fischaugenobjektiv nimmt beeindruckende Standbilder und scharfe Videos in 1080p-Auflösung auf. Um die Kamera zu aktivieren, klicken Sie auf dem Startbildschirm zweimal auf die Schaltfläche. Um sie zu drehen, verwenden Sie einfach das Scrollrad.

Mit dieser Kamera können Benutzer umgebende Objekte untersuchen und mithilfe der On-Demand-Objektscanfunktion der R1 Dinge erfahren, die sie noch nicht wussten.

Integration von Wolfram Alpha auf Rabbit R1

Rabbit freut sich über die Zusammenarbeit mit Wolfram, einem seit über 30 Jahren führenden Anbieter von Computational Intelligence. Mit dem neuen Update enthält Rabbit r1 jetzt Wolfram Alpha und bietet Benutzern Zugriff auf dessen spezielle Wissensdatenbank und Engine. Dies bedeutet, dass r1-Benutzer bei Fragen zu MaDasmatik, Wissenschaft, Technologie, Gesellschaft und Kultur eine viel genauere Antwort erhalten.

Dies ist das erste Mal, dass Wolfram Alpha zu einem KI-Gerät hinzugefügt wurde. Gemeinsam wollen Rabbit und Wolfram Wissen für alle zugänglicher machen. Die Kombination aus Wolframs Technologie und Rabbits Plattform hilft dabei, einen KI-Assistenten zu schaffen, der genaue Berechnungen durchführen und auf eine breite Palette kuratierter Kenntnisse und Echtzeitdaten zugreifen kann.

Das bevorstehende Teach-Modus-Update

Mit dem Teach-Modus kann jeder seine eigenen Kaninchen mit LAM-Antrieb erstellen, ohne dass er programmieren können muss. Sie können Ihre Stimme aufnehmen und erklären, was Sie möchten, und Rabbit OS führt Ihre Anweisungen aus. LAM lernt aus Ihren Eingaben und erstellt ein Kaninchen, das in verschiedenen Situationen eingesetzt werden kann. Falls Sie ein Kaninchen bauen, das anderen helfen könnte? Sie können es im kommenden Rabbit Store verkaufen und teilen.

Stellen Sie sich eine Zukunft vor, in der Ihr Rabbit R1 komplizierte Aufgaben auf den von Ihnen häufig besuchten Websites problemlos erledigen oder alle Ihre bevorzugten Anwendungen reibungslos ausführen kann, ohne dass Sie dazu Ihr Mobiltelefon oder Ihren Laptop direkt nutzen müssen.

Wir sind überzeugt, dass es unermüdlich durch Online-Marktplätze navigieren kann, um die günstigsten Angebote für jedes gewünschte Produkt zu finden, indem es selbstständig lange Formulare mit Ihren Präferenzen ausfüllt oder sogar Rabattcodes während des Bezahlvorgangs anwendet. Die revolutionäre Teach-Mode-Funktion wird diese Vision Wirklichkeit werden lassen.

Wie funktioniert es?

- **Intuitive Schnittstelle:** Eine benutzerfreundliche Oberfläche führt Sie durch den Teach-Modus-Prozess. Wählen Sie einfach die Website oder Anwendung aus, die Ihr Rabbit R1 lernen soll, und lassen Sie die Magie wirken.

- **Schritt-für-Schritt-Lernen:** Führen Sie Ihren Rabbit R1 Klick für Klick durch die gewünschten Aktionen. Der Teach-Modus erfasst Ihre Bildschirminteraktionen auf intelligente Weise und versteht die zugrunde liegende Logik.

- **Adaptive Intelligenz:** Je mehr Sie ihm beibringen, desto intelligenter wird Ihr Rabbit R1. Er lernt, Muster zu erkennen und sich an Website-Änderungen anzupassen, wodurch eine reibungslose und effiziente Aufgabenausführung gewährleistet wird.

Welche Möglichkeiten gibt es also?

- **Werden Sie Power-User:** Optimieren Sie Ihr Online-Einkaufserlebnis, automatisieren Sie wiederkehrende Aufgaben auf bestimmten Websites oder personalisieren Sie sogar Ihre Social-Media-Interaktionen. Die Möglichkeiten sind grenzenlos!

- **Barrierefreiheit:** Der Teach-Modus ermöglicht es körperlich eingeschränkten Benutzern, sich mühelos in komplexen Online-Umgebungen zurechtzufinden. Stellen Sie sich vor, Sie könnten mühelos Finanztransaktionen abwickeln oder langwierige Online-Aufgaben erledigen – und das alles mit Hilfe Ihres trainierten Rabbit R1.

- **Lassen Sie Ihrer Kreativität freien Lauf:** Der Teach-Modus ist nicht auf vordefinierte Aufgaben beschränkt. Stellen Sie sich vor, Sie trainieren Ihren Rabbit R1, einen personalisierten Newsfeed zu kuratieren, benutzerdefinierte Berichte aus komplexen Datensätzen zu erstellen oder Sie sogar bei kreativen Projekten zu unterstützen.

Die Zukunft ist persönlich:

Die Zukunft des Rabbit R1-Geräts, das mit dem Teach-Modus ausgestattet ist, stellt einen Paradigmenwechsel in der Entwicklung früher KI-Assistenten dar. Es wird über das bloße Befolgen von Befehlen hinausgehen; es wird darum gehen, von seinem Besitzer zu lernen, sich an seine

Bedürfnisse anzupassen und zu seiner digitalen Erweiterung zu werden.

Die kommende generative Benutzeroberfläche

Mit der bevorstehenden Veröffentlichung seiner revolutionären Generative-UI-Funktion wird der Rabbit R1 mehr als nur ein leistungsstarker KI-Assistent sein. Diese bahnbrechende Innovation wird die Grenzen zwischen Benutzeroberfläche und menschlicher Vorstellungskraft effektiv verwischen. Anstelle von statischen Menüs und Layouts wird sich die Generative UI dynamisch anpassen und Schnittstellen präsentieren, die genau auf die aktuellen Bedürfnisse und den Arbeitsablauf des Benutzers zugeschnitten sind.

Angetrieben von modernster KI lernt der R1 Benutzergewohnheiten, erkennt Absichten und generiert im Handumdrehen kontextbezogene Benutzererfahrungen – indem er für jedes einzelne Szenario nur relevante Informationen und Steuerelemente anzeigt. Keine überflüssige Unordnung oder endloses Wischen durch Menüs mehr.

Die Generative UI verspricht, die Kreativität zu fördern, Zugänglichkeit neu zu definieren und den Benutzern eine Welt ohne Grenzen zu eröffnen. Sie könnte Ideen beim Brainstorming in Echtzeit visualisieren oder ihre

Schnittstellen an unterschiedliche Lernstile und körperliche Fähigkeiten anpassen.

Stellen Sie sich Benutzeroberflächen vor, die Sprachbarrieren überwinden oder komplexe wissenschaftliche Daten perfekt verwalten. Die Generative UI wird starre Benutzererfahrungen eliminieren und stattdessen eine nahtlose, frei fließende Brücke zwischen Mensch und Maschine bauen. Mit dieser Funktion wird der Rabbit R1 mehr als nur ein Assistent sein. Mit dieser Funktion wird eine neue Ära anbrechen, in der der Einzelne wirklich befähigt wird und nicht mehr durch die Einschränkungen herkömmlicher Benutzeroberflächen eingeschränkt wird.

Kürzliche Updates

Der Rabbit R1 hat seine ersten großen Software-Updates erhalten, die das Benutzererlebnis verbessern und wichtige Probleme beheben sollen. Nachfolgend sind die wichtigsten Updates aufgeführt, die in dieser Version enthalten sind:

- **Verbesserte Akkuleistung**: Die Akkulaufzeit im Leerlauf wurde um das bis zu Fünffache verlängert, womit ein großes Anliegen der Benutzer berücksichtigt wurde.

- **Zeitzonenfunktionen**: Benutzer können jetzt ihre Zeitzone im Einstellungsmenü auswählen und

Zeitzonenaktualisierungen sind basierend auf dem GPS-Standort genauer.

- **Erweiterte GPS-Dienste**: Die GPS-Standortdienste wurden durch eine bessere AGPS-Unterstützung verbessert, sodass das Gerät besser erkennt, wann es GPS für Standortabfragen verwenden soll.

- **Genaue Zeitinformationen**: Gespräche liefern jetzt genauere zeitbezogene Informationen.

- **Upgrade der Benutzeroberfläche für die Musikwiedergabe**: Die Benutzeroberfläche der Musikwiedergabe wurde für ein besseres Hörerlebnis verbessert.

- **Bluetooth-Zuverlässigkeit**: Die Zuverlässigkeit von Bluetooth-Verbindungen wurde verbessert, weitere Optimierungen sind geplant.

- **Meeting Assistant Stabilität**: Der Meeting-Assistent und der Recorder sind jetzt stabiler und können längere Zeiträume unterstützen.

- **Bessere Übersetzungs- und Wetterfunktionen**: Es wurden Verbesserungen an der bidirektionalen Übersetzung und den Erfahrungen in Bezug auf Wetter und Zeit vorgenommen.

- **Reduzierte LLM-Halluzinationen**: Ungenauigkeiten bei der Interaktion mit Sprachmodellen konnten weiter reduziert werden.

- **Rabbithole-Verbesserungen**: Die Ladeschnittstelle wurde erweitert, Fehlermeldungen für abgelaufene Sitzungen wurden verbessert und die Lesbarkeit des QR-Codes wurde verbessert.

- **Informative Fehlermeldungen**: Text-to-Speech-Fehlermeldungen von Tabellenkalkulationsabfragen sind jetzt hilfreicher.

Diese Updates spiegeln Rabbits Engagement zur Verbesserung von R1 und zur effektiven Berücksichtigung von Benutzerfeedback wider. Rabbit legt Wert darauf, seinen Benutzern schnelle Updates bereitzustellen. Behalten Sie ihre Social-Media-Kanäle im Auge, um Versionshinweise zu zukünftigen Updates zu erhalten.

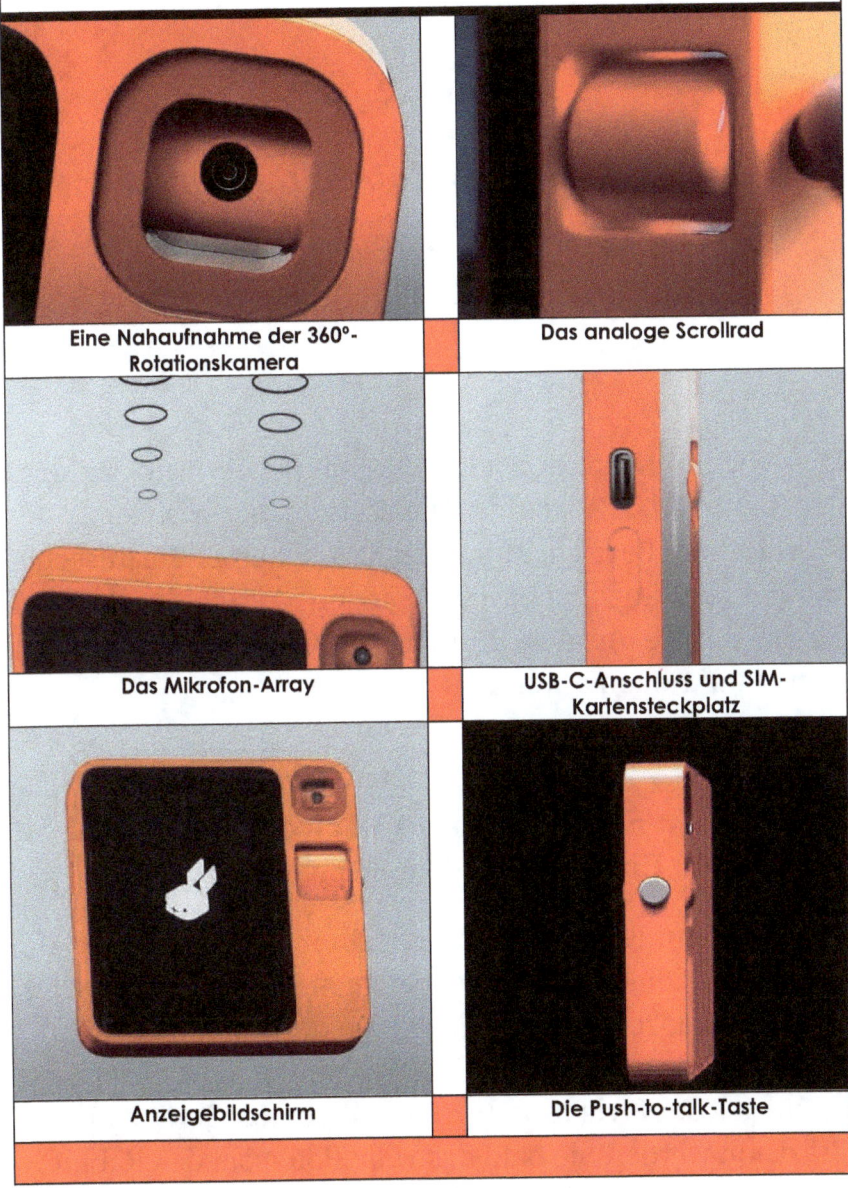

Kapitel 2

Auspacken des Rabbit R1-Geräts

"Computergeräte sollten so einfach zu bedienen sein, dass sie jeder verwenden kann."

Diese Gründungsvision leitete Rabbit bei der Entwicklung des Rabbit R1-Assistenten. Die Diskrepanz zwischen technischem Fortschritt und menschlichen Bedürfnissen war der Ausgangspunkt für die ersten Skizzen des Rabbit R1. Lassen Sie uns nun Ihr neues R1-Gerät enthüllen und seine Funktionen erkunden.

Auspacken, Einrichten und Verwenden des Rabbit R1-Geräts: Eine Schritt-für-Schritt-Anleitung

Die Einrichtung Ihres Rabbit R1 ist mühelos, wenn Sie die folgenden einfachen Schritte befolgen, vom Auspacken bis zum Hochfahren und Konfigurieren des Geräts. Jeder Schritt führt nahtlos zum nächsten und gewährleistet eine reibungslose Navigation Ihres intelligenten Geräts. Mit Präzision werden Sie bald das volle Potenzial des Rabbit R1 ausschöpfen und Ihr digitales Erlebnis mühelos bereichern.

Schritt 1: Auspacken des Rabbit R1

Wie andere bekannte elektronische Geräte wird das R1 in einem schlichten braunen, umweltfreundlichen Karton mit minimalistischer ÄsDastik geliefert. Befolgen Sie diese Anweisungen, um es richtig auszupacken:

- Entfernen Sie mit einem spitzen Gegenstand die transparente Plastikfolie, die die Rabbit R1-Box umgibt.

- Suchen Sie die entsprechende Lasche auf einer Seite der Schachtel. Das Bild auf der nächsten Seite zeigt Ihnen, wie Sie vorgehen müssen. Ziehen Sie vorsichtig an der mit einem Pfeil markierten Lasche, bis sich der Kartonabschnitt vollständig bis zum Rand abziehen lässt. Jetzt können Sie die Schachtel öffnen.

- Im Inneren der Box ist das Gerät von einem dichten, quadratischen Schaumstoff gepolstert. Wenn Sie ihn entfernen, kommt der Rabbit R1 zum Vorschein, der in der Mitte eingebettet und durch den gleichen Schaumstoff geschützt ist.

- Nehmen Sie das Gerät vorsichtig aus der Verpackung und entfernen Sie die dünne Plastikfolie. Öffnen Sie das transparente, kassettenähnliche Retrogehäuse, um auf das R1-

Gerät zuzugreifen. Darüber hinaus können Sie das transparente Retrogehäuse als tragbaren Ständer für Ihr Gerät verwenden.

- Nehmen Sie das Gerät und ziehen Sie die temporäre Bildschirmschutzschicht vorsichtig ab.

Auspacken des Rabbit R1-Geräts

Ein vollständig verpacktes Rabbit R1-Gerät

Entfernen Sie die transparente Plastikfolie mit einem spitzen Gegenstand

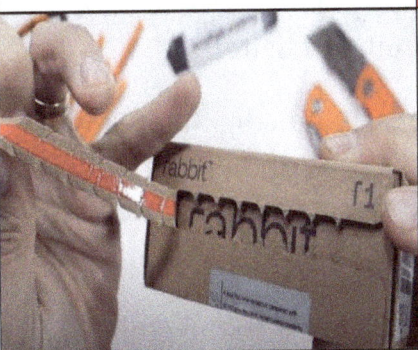

Die dafür vorgesehene Lasche auf einer Seite der Schachtel

Nehmen Sie das Gerät vorsichtig aus der Verpackung und entfernen Sie die dünne Plastikfolie

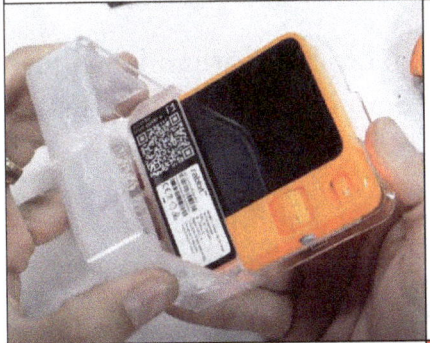

Öffnen Sie das Gerät und nehmen Sie es aus dem Kunststoffgehäuse

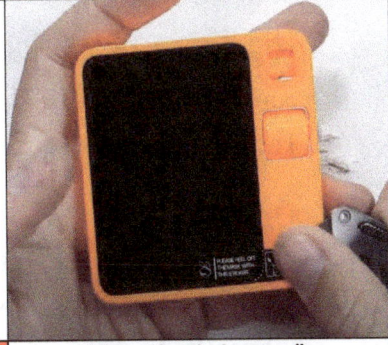

Ziehen Sie die temporäre Bildschirmschutzschicht vorsichtig ab

Schritt 2: Booten Sie Ihren Rabbit R1

Das Starten und Einrichten des Rabbit R1 ist viel einfacher als bei vielen modernen Smartphones. Die Schritte sind unkompliziert und die Anweisungen auf dem Bildschirm führen Sie durch den Vorgang. Wir führen Sie durch die einzelnen Schritte:

- Halten Sie die Seitentaste 3 bis 5 Sekunden lang gedrückt, um das Gerät einzuschalten.

- Lassen Sie nach dem Einschalten die Startsequenz laufen, bis Sie ein Bild des sich drehenden Rabbit R1-Geräts auf dem Bildschirm sehen. Klicken Sie wie aufgefordert auf die Seitentaste.

- Wählen Sie Ihr WLAN-Netzwerk aus. Wenn keines verfügbar ist, stellen Sie sicher, dass eine schnelle WLAN-Verbindung in der Nähe aktiv ist.

- Wenn mehrere WLAN-Netzwerke vorhanden sind, navigieren Sie mit dem Scrollrad und wählen Sie Ihr Netzwerk aus.

- Drehen Sie das Gerät wie auf dem Bildschirm angegeben, um das Scrollrad nach unten zu positionieren. Auf dem Bildschirm wird eine virtuelle Tastatur angezeigt, auf der Sie das richtige Passwort für das ausgewählte WLAN eingeben können.

- Nach Eingabe des richtigen Passworts werden "Verbinden" und "Verbinden" angezeigt, was auf eine Netzwerkverbindung hinweist. Außerdem werden zwei Symbole angezeigt: "X lädt" und "√ Netzwerk verbunden".

- Schließen Sie Ihr Gerät mit einem Typ-C-Ladegerät an eine Stromquelle an, um eine automatische Softwareaktualisierung zu starten.

- Warten Sie, bis der Software-Download 100 % erreicht hat. Wenn der Bildschirm schläft, drücken Sie die Seitentaste, um ihn zu aktivieren.

- Nach dem Download wird die Software automatisch verifiziert. Warten Sie, bis die Verifizierung 100 % erreicht hat.

- Nach der Überprüfung wird die Software fertiggestellt. Warten Sie, bis sie 100 % erreicht hat. Nach Abschluss wird auf dem Bildschirm "Update abgeschlossen" angezeigt.

- Lassen Sie das Gerät ohne Unterbrechung hochfahren. Das R1-Logo dreht sich etwa eine Minute lang, bevor der Startbildschirm angezeigt wird.

- An diesem Punkt ist Ihr Gerät vollständig eingerichtet und einsatzbereit.

Booten Ihres Rabbit R1

Schalten Sie das Gerät ein, indem Sie die Seitentaste gedrückt halten

Lassen Sie die Boot-Sequenz laufen

Verwenden Sie das Scrollrad, um ein verfügbares WLAN-Netzwerk auszuwählen

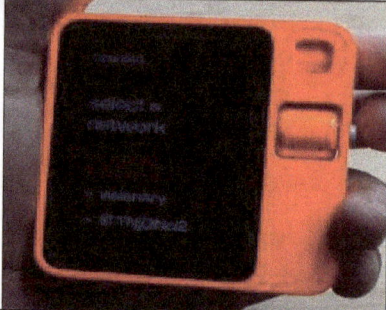

Klicken Sie auf die Seitentaste, um die Verbindung herzustellen

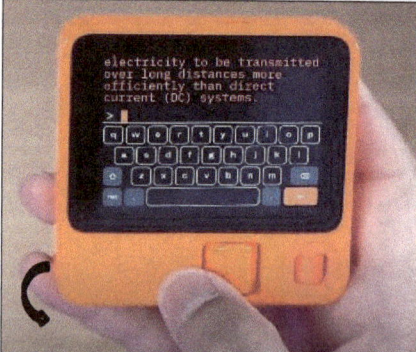

Schalten Sie das Gerät wie angegeben ein und geben Sie das richtige WLAN-Passwort ein

Das Netzwerk wird mit der Verbindung beginnen

Booten Ihres Rabbit R1

Schließen Sie Ihr Gerät an eine Stromquelle an, um eine automatische Softwareaktualisierung zu starten.

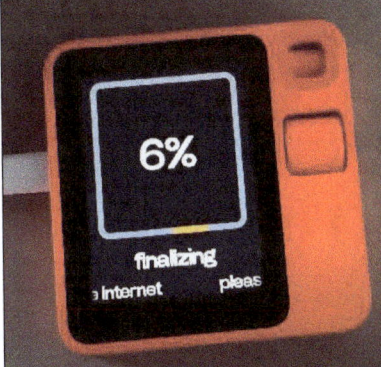

Warten Sie, bis die Software-Finalisierung abgeschlossen ist

Nach dem Update wird auf dem Gerät dieser Startbildschirm angezeigt

Sie können jetzt die Seitentaste gedrückt halten und das R1-Gerät auffordern

Schritt 3: Aktivieren und Verknüpfen Ihres Rabbithole-Kontos

Um Ihr Gerät mit einem Rabbithole-Konto zu verknüpfen, folgen Sie diesen Schritten:

- Besuchen Sie die bereitgestellte Website (https://www.rabbit.tech/activate) mit Ihrem Laptop.
  Notiz: *(Derzeit können Sie die Website mit Ihrem Telefon besuchen, aber bestimmte Aufgaben wie das Verbinden der verfügbaren Apps nicht ausführen.)*

- Beim Öffnen werden Sie aufgefordert, Ihre E-Mail-Adresse und Ihr Passwort einzugeben. Da Sie neu sind, klicken Sie auf "Anmelden", um ein Konto zu erstellen.

- Geben Sie Ihre E-Mail-Adresse ein und wählen Sie ein einzigartiges Passwort, das den angegebenen Kriterien entspricht (8 Zeichen oder länger, mit mindestens 3 der folgenden Elemente: Kleinbuchstaben (az), Großbuchstaben (AZ), Zahlen (123), Sonderzeichen (@!$%^&*+)).

- Klicken Sie nach Eingabe Ihrer Anmeldeinformationen auf "Weiter".

- Sie erhalten eine Benachrichtigung, in der Sie aufgefordert werden, den Servicebedingungen, Datenschutzrichtlinien und Cookie-Richtlinien von Rabbit zuzustimmen. Wählen Sie "Ich stimme zu" und klicken Sie dann auf "Weiter".

- Suchen Sie in Ihren E-Mails nach einer Bestätigungsnachricht vom Rabbit R1-Team und folgen Sie den Anweisungen zur Bestätigung Ihres Kontos.

- Kehren Sie zur vorherigen Registerkarte zurück und klicken Sie auf "Weiter anmelden" oder "Erneut senden", wenn Sie die Bestätigungs-E-Mail nicht erhalten haben. Sie können sich auch für "Abmelden" entscheiden, wenn Sie die falsche E-Mail eingegeben haben.

- Melden Sie sich mit Ihrer korrekten E-Mail-Adresse und Ihrem Passwort bei Ihrem Rabbithole-Konto an.

- Klicken Sie nach der Anmeldung auf die Schaltfläche "R1 verbinden" und geben Sie Ihren vollständigen Namen ein, um eine personalisierte Erfahrung mit Ihrem Rabbit R1 zu erhalten. Klicken Sie dann auf "Weiter".

- Auf dem Bildschirm wird ein Rabbit R1-Gerät mit einem QR-Code angezeigt.

- Klicken Sie auf Ihrem Rabbit-Gerät auf "Weiter", um die QR-Scan-Kamera des R1 zu aktivieren.

- Scannen Sie mit der Kamera des R1 den QR-Code auf dem Bildschirm Ihres PCs. Nach einem erfolgreichen Scan fordert Sie der R1 auf, einen sicheren Passcode einzurichten. Wählen Sie mit dem Scrollrad einen Passcode aus und klicken Sie auf die Seitentaste, um jede Zahl auszuwählen.

- Nachdem Sie den Passcode festgelegt haben, werden Sie vom Gerät darüber informiert, dass Sie die Kamera durch Doppeltippen auf die Seitentaste aktivieren und sie gedrückt halten können, um den Rabbit Assistant für Fragen und Hilfe zu aktivieren.

- Nachdem Sie die Aufgaben gemäß den Eingabeaufforderungen ausgeführt haben, werden Sie zum Startbildschirm weitergeleitet.

- Auf dem Laptop oder PC, der zum Zugriff auf den QR-Code verwendet wird, wird Ihr Name auf der Rabbithole-Plattform in diesem Format angezeigt: "Verwalte [Ihr Name] r1".

- Unter dem Eintrag wird ein 3D-Bild des R1-Geräts angezeigt. Auf dieser Oberfläche können Sie Ihr Gerät als verloren markieren, wenn es fehlt.

Aktivieren und Verknüpfen Ihres Rabbithole-Kontos

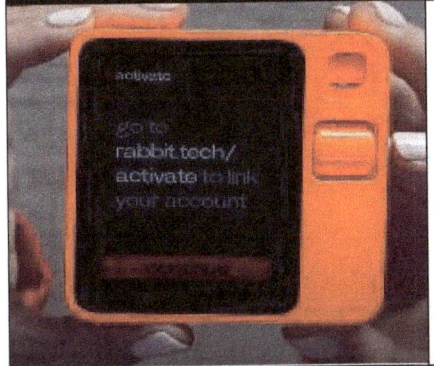

Besuchen Sie mit Ihrem Laptop oder PC die Rabbit-Website.

Die Website verlangt Ihre E-Mail-Adresse und Ihr Passwort.

Verbinden Sie Ihr R1 durch Klicken auf die Schaltfläche.

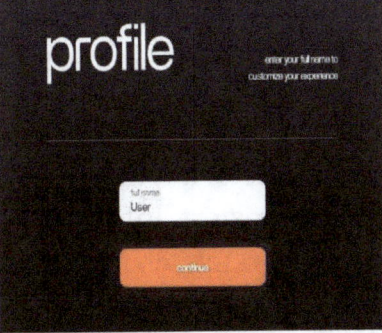

Geben Sie Ihren vollständigen Namen ein, um Ihr Erlebnis anzupassen.

Scannen Sie den QR-Code, um Ihr Konto zu aktivieren.

Richten Sie einen sicheren Passcode ein

Kapitel 3
Ein genauer Blick auf das Rabbithole-Portal

Der Rabbit R1 ist weit mehr als eine Neuheit mit nur einer Funktion. Er ist als Begleiter und Assistent vielseitig einsetzbar, was durch sein leistungsstarkes LAM (Large Action Model) und die Rabbithole-Plattform möglich wird.

Hinter dem Retro-Design des R1 verbirgt sich eine leistungsstarke KI, die über natürliche Sprachbefehle kommuniziert, informiert und Aufgaben ausführt. Ob auf dem Schreibtisch, in der Hand oder in der Tasche: Dank der ständigen Konnektivität des Geräts können Benutzer ihm bei Bedarf Aufgaben delegieren.

Der Rabbit R1 ist mehr als ein Produktivitäts-Hack. Er fungiert auch als Lehrer und führt seine Benutzer dazu, ihr Wissen zu allen möglichen Dasmen auf den neuesten Stand zu bringen. Durch geduldige Anweisungen kann der R1 sowohl Anfänger als auch Experten unterstützen. Sein Zweck ist nicht, Smartphones zu ersetzen, sondern das menschliche Potenzial weiter freizusetzen und dabei Zeit zu sparen.

Rabbithole ist ein sicheres Webportal, das als zentraler Hub für die Verwaltung Ihres Rabbit R1-Geräts fungiert. Hier können Sie eine sekundäre Einrichtung Ihres Geräts vornehmen, es mit verschiedenen Diensten von Drittanbietern verbinden und auf alle Ihre Aktivitäten und Aufzeichnungen zugreifen. Hier ist eine Übersicht dessen, was Sie von Rabbithole erwarten können:

Verbindungen von Drittanbietern:

- Rabbithole fungiert als Brücke zwischen dem Rabbit R1 und verschiedenen Diensten von Drittanbietern wie Uber für Mitfahrgelegenheiten, Midjourney für die Bildgenerierung, DoorDash für die Essensbestellung, Spotify für Musik und möglicherweise in Zukunft noch weiteren.

- Dadurch kann der KI-Assistent des Rabbit R1 in Ihrem Namen mit diesen Diensten interagieren und Aufgaben wie die Bestellung von Essenslieferungen oder das Abspielen von Musik ausführen, ohne dass Sie die Apps direkt auf dem R1 öffnen müssen.

Informationszugriff und -verwaltung:

- Rabbithole kann von Ihrem R1 generierte Informationen speichern, wie etwa Sprachaufzeichnungen, mit der Kamera erfasste visuelle Suchvorgänge, KI-generierte

Bilder und In-App-Belege (je nach Funktionalitäten).

- Sie können diese Informationen überprüfen, ggf. nicht benötigte Inhalte löschen und den Speicherplatz Ihres Geräts verwalten.

Wichtige Notizen:

- Das Rabbithole ist derzeit ein webbasiertes Portal. Das bedeutet, dass Sie für den Zugriff darauf einen Computer, ein Tablet oder ein Smartphone mit Internetverbindung benötigen.

- Derzeit gibt es keine spezielle Rabbithole-App für Mobilgeräte, die Funktionalität könnte sich jedoch in Zukunft ändern.

- Sicherheit hat bei Rabbithole Priorität. Es ist als sichere Plattform für die Verwaltung Ihres Rabbit R1 und seiner Integrationen konzipiert.

Mögliche zukünftige Änderungen am Kaninchenbau

Da es sich beim Rabbit R1 um ein neues Gerät handelt, sind hier einige vorhersehbare Möglichkeiten für das Rabbithole, basierend auf dem, was wir bisher wissen:

- **Anpassung:** Das Rabbithole bietet möglicherweise Optionen zur Personalisierung Ihres R1-Erlebnisses. Möglicherweise gibt es Optionen, mit denen Benutzer benutzerdefinierte Sprachkürzel für häufig verwendete Befehle erstellen oder bevorzugte Nachrichtenquellen für tägliche Briefings einrichten können.

- **Community-Funktionen:** Das Rabbithole könnte sich möglicherweise zu einem Community-Hub für Rabbit R1-Benutzer entwickeln. Dort könnten Foren eingerichtet werden, in denen Tipps ausgetauscht, Probleme gemeinsam behoben oder sogar benutzerdefinierte Tipps und Tricks für Sprachassistenten erstellt werden können, die andere herunterladen können.

- **Erweiterte Funktionen:** Abhängig von den Fähigkeiten des Rabbit R1 könnte das Rabbithole in Zukunft erweiterte Funktionen wie Datenvisualisierung für Gesundheits- und Fitness-Tracker oder Fortschrittsberichte zu Sprachlernzielen bieten.

- **Datenschutzkontrollen:** Rabbithole sollte robuste Datenschutzkontrollen bieten. Dazu könnten Optionen gehören, um zu verwalten, welche Daten gespeichert werden (z. B. Sprachaufzeichnungen), Datenaufbewahrungsfristen festzulegen und die alleinige Kontrolle darüber zu haben, wie Ihre

Daten bei Integrationen von Drittanbietern verwendet werden.

Unsicherheiten und Einschränkungen des Rabbithole:

- **Eingeschränkte Funktionen:** Bei der Markteinführung von Rabbithole waren die Funktionen eingeschränkt, es wird jedoch erwartet, dass sich seine Funktionalitäten im Laufe der Zeit durch regelmäßige Software-Updates erweitern.

- **Abhängigkeit von der Integration von Drittanbietern:** Der Nutzen der Geräte Rabbithole und Rabbit R1 hängt stark von der Anzahl und Bandbreite der Drittanbieterdienste ab, in die sie integriert werden können.

- **Bedenken hinsichtlich der Datensicherheit:** Obwohl Sicherheit oberste Priorität hat, ist es wichtig, die Datenschutzpraktiken im Auge zu behalten und zu verstehen, wie Ihre Informationen innerhalb des Kaninchenbaus verwendet werden.

Rabbithole hat das Potenzial, ein leistungsstarkes Tool zur Verwaltung Ihres Rabbit R1 zu sein und sein volles Potenzial auszuschöpfen. Es ist jedoch wichtig, die Unsicherheiten im Auge zu behalten, da das Gerät und sein Ökosystem noch neu sind.

Das Rabbithole-Portal

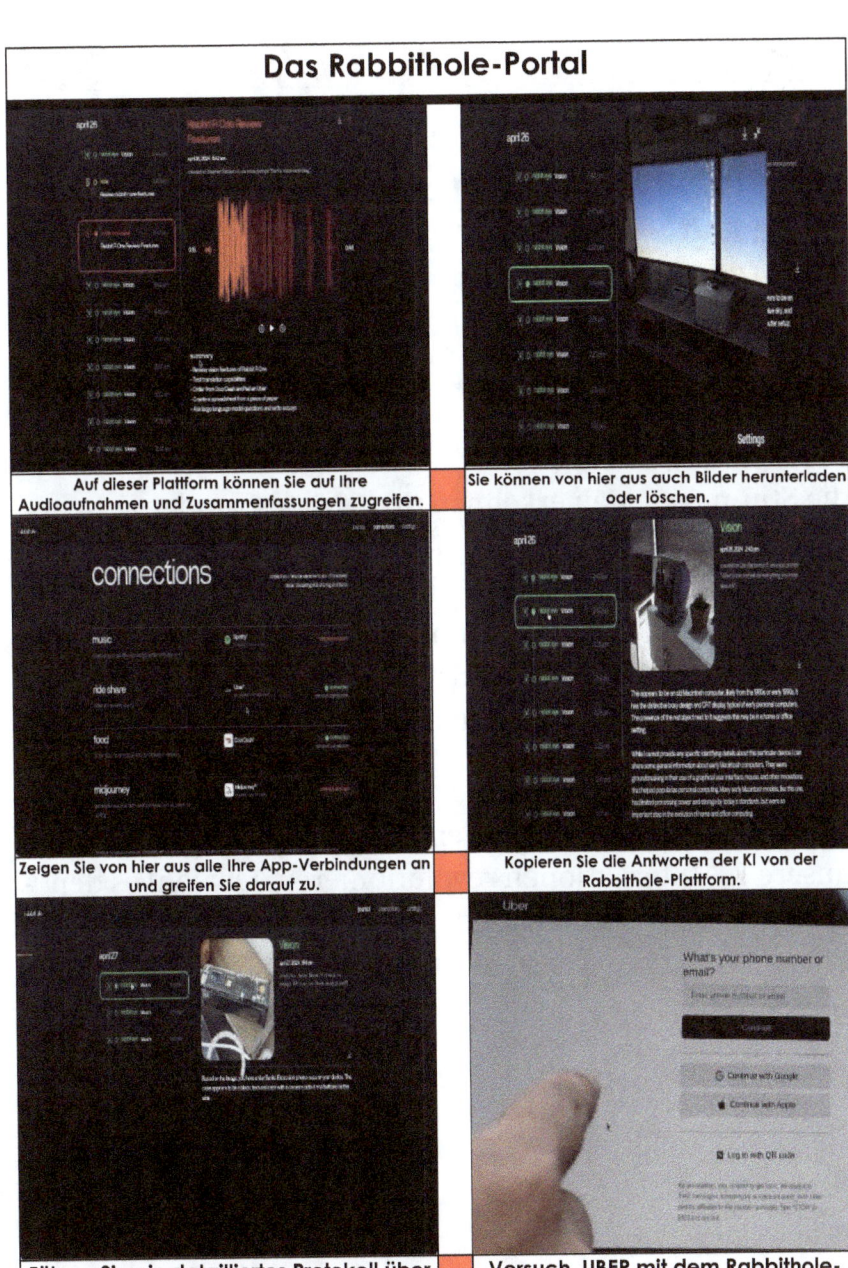

Auf dieser Plattform können Sie auf Ihre Audioaufnahmen und Zusammenfassungen zugreifen.	Sie können von hier aus auch Bilder herunterladen oder löschen.
Zeigen Sie von hier aus alle Ihre App-Verbindungen an und greifen Sie darauf zu.	Kopieren Sie die Antworten der KI von der Rabbithole-Plattform.
Führen Sie ein detailliertes Protokoll über alle Ihre Aktivitäten.	Versuch, UBER mit dem Rabbithole-Portal zu verbinden

Kapitel 4

Interaktion mit dem Rabbit AI Assistant

Der R1 verfügt über präzise Spracherkennungsfunktionen, die Stimmen genau erkennen und Hintergrundgeräusche effektiv ausfiltern. Mithilfe einer Reihe von Mikrofonen trianguliert er den Ton, um einen optimalen Empfang zu gewährleisten. Dadurch können Benutzer Anfragen mühelos und natürlich ausdrücken, ohne sie wiederholen oder die Stimme erheben zu müssen.

Der Rabbit R1 ist mehr als nur ein typischer virtueller Assistent. Dieses handflächengroße Smart-Gerät soll unsere KI-Interaktionen revolutionieren. Obwohl es den spielerischen Charakter anderer Tech-Geräte von Teenage Engineering teilt, unterscheidet es sich in einigen Punkten von Smartphones.

15 Möglichkeiten, den KI-Assistenten Ihres Rabbit R1 für eine nahtlose Interaktion zu optimieren:

1. **Schätzen Sie den Sprachassistenten des R1:** Das R1 glänzt, wenn Sie direkt mit ihm sprechen. Verwenden Sie beim Sprechen mit dem Gerät einen klaren, präzisen Ton für Befehle und Fragen. Stellen Sie sich vor, Sie unterhalten sich mit einem intelligenten Freund.

2. **Spezifität ist der Schlüssel:** Je spezifischer Ihre Anfragen sind, desto besser kann der R1 Ihre Bedürfnisse verstehen. Versuchen Sie es statt mit einem vagen "Spiele Musik" mit "Spiele fröhliche 80er-Songs". Stellen Sie außerdem sicher, dass Ihre Eingabeaufforderungen korrekt sind. Der KI-Assistent verlässt sich auf wahrheitsgetreue Informationen, um korrekte Antworten zu geben. Während er gelegentlich Fehler in Ihrer Eingabeaufforderung korrigieren kann, kann er in manchen Fällen auch auf der Grundlage fehlerhafter Informationen antworten.

3. **Zerlege es:** Komplexe Aufgaben können in kleinere, verständlichere Anfragen unterteilt werden. Sie haben viele Fragen, auf die Sie klare Antworten benötigen? Stellen Sie sie einzeln, um eine höhere Genauigkeit zu erzielen.

4. **Tastaturoption**: Der R1 ist für verschiedene Kommunikationsstile geeignet. Wenn Sie hörgeschädigt sind, können Sie über die integrierte Tastatur nahtlos mit dem KI-Assistenten interagieren. Diese Funktion ist perfekt, um in einer BiblioDask oder bei einem Meeting für Ruhe zu sorgen. Geben Sie Ihre Anfragen und Befehle deutlich ein, und der KI-Assistent gibt Ihnen im Text entsprechende Antworten auf dem Bildschirm.

   <u>***Notiz***</u>: Um die Tastatur zu aktivieren, führen Sie die folgenden Schritte aus:

   1. Schütteln Sie Ihr Gerät, um die Einstellungsseite zu öffnen
   2. Scrollen Sie mit dem Scrollrad nach unten zur Option "Terminal aktivieren" und schalten Sie es mit der Seitentaste ein, falls es ausgeschaltet war.
   3. Scrollen Sie nach oben, um die Home-Option im Einstellungsmenü zu finden, und klicken Sie dann auf die Seitentaste, um die Homepage zu öffnen.
   4. Drehen Sie nun Ihr Gerät vorsichtig seitlich nach oben, um die Tastatur zu aktivieren (das Scrollrad sollte nach unten zeigen).

5. **Halten Sie die Seitentaste gedrückt**: Der Rabbit R1 verwendet eine Seitentaste zum

Aktivieren von Sprachbefehlen. Wenn Sie diese Taste beim Sprechen gedrückt halten, ist der KI-Assistent voll engagiert und hört sich Ihre gesamte Anfrage an. Lassen Sie Ihren Finger nicht von der Taste, bis Sie mit dem Sprechen fertig sind. Diese einfache Aktion trägt zur Verbesserung der Genauigkeit bei und verringert die Wahrscheinlichkeit von Fehlinterpretationen von Befehlen.

6. **Die Lautstärke richtig einstellen**: Ein Schlüsselelement klarer Kommunikation ist die Hörbarkeit. Scheuen Sie sich nicht, die Lautstärke des R1 anzupassen, um sicherzustellen, dass Sie die Antworten des KI-Assistenten laut und deutlich hören können. Dies hilft, Verwirrung zu vermeiden und Ihre Interaktion zu optimieren. Stellen Sie außerdem sicher, dass Ihre Stimme laut genug ist, damit das Gerät Sie deutlich hören kann, wenn Sie mit ihm sprechen.

7. **Freundlichkeit ist wichtig**: Obwohl das R1 ein Gerät ist, das durch maschinelles Lernen möglich gemacht wurde, lebt es von positiver Verstärkung. Studien haben gezeigt, dass die Verwendung höflicher und respektvoller Sprache bei der Interaktion mit KI-Assistenten zu genaueren und hilfreicheren Antworten führen kann. Betrachten Sie es als die Förderung einer produktiven Partnerschaft mit Ihrem digitalen Begleiter.

8. **Nutzen Sie Ihren Standort**: Der R1 kann seine Standorterkennung nutzen, um Ihr Erlebnis zu verbessern. Wenn Sie beispielsweise nach "Restaurants in der Nähe" fragen, erhalten Sie Ergebnisse, die speziell auf Ihren aktuellen Standort zugeschnitten sind.

9. **Multitasking meistern**: Der R1 ist ein Multitasking-Genie. Scheuen Sie sich nicht, Befehle aneinanderzureihen, aber machen Sie es nicht zu lang, eine Folge von drei Befehlen ist ok. Sagen Sie zum Beispiel: "Sag mir, welches Datum heute ist, stelle einen Timer auf 10 Minuten und spiele beruhigende Musik von One Republic." Der R1 kann diese sequenziellen Anfragen problemlos verarbeiten.

10. **Stellen Sie weitere Fragen**: Der R1 kann Folgefragen beantworten. Wenn Sie beispielsweise die Schlagzeilen der Morgennachrichten, die er Ihnen vorgelesen hat, nicht ganz verstanden haben, fragen Sie einfach: "Können Sie die Schlagzeilen wiederholen?" Der KI-Assistent kann auf frühere Interaktionen innerhalb einer Konversation zugreifen, sodass Sie leichter an die benötigten Informationen gelangen, ohne von vorne beginnen zu müssen.

11. **Bluetooth-Konnektivität**: Wenn Sie andere Produkte oder digitale Geräte von Teenage Engineering besitzen, die Bluetooth-Konnektivität ermöglichen, erkunden Sie mögliche Integrationen

mit dem R1. Stellen Sie sich vor, Sie geben Ihrem R1 Sprachbefehle und hören die Antworten über Ihre Heimlautsprecher. Dies schafft ein nahtloses Smart-Home-Erlebnis.

12. **Werden Sie zum Power User**: Der R1 hat verborgene Tiefen. Neben den zahlreichen Informationen zum R1, die in diesem Benutzerhandbuch enthalten sind, können Sie online nach erweiterten Funktionen und inoffiziellen Benutzertipps suchen. Möglicherweise entdecken Sie Sprachkürzel für bestimmte Aufgaben oder versteckte Funktionen, die Ihre Interaktion verbessern.

13. **Die Macht von "Hey Rabbit" (oder was auch immer Sie wählen)**: Personalisieren Sie Ihr Aktivierungswort! Sind Sie es leid, "Hey Rabbit" zu sagen? Ändern Sie es in eine angenehmere Phrase (innerhalb der zulässigen Parameter), um ein wirklich individuelles KI-Interaktionserlebnis zu schaffen.

14. **Feedback ist wichtig**: Der R1 lebt von Feedback. Wenn der KI-Assistent Sie missversteht, scheuen Sie sich nicht, ihn höflich zu korrigieren. Über grundlegende Korrekturen hinaus können Sie auch Feedback über offizielle Kanäle oder Online-Foren geben. Dies hilft den Entwicklern, die Fähigkeiten des R1 ständig zu verbessern.

15. **Auffrischung des Gedächtnisses**: Um den Speicher des Rabbit R1 zurückzusetzen und vorherige Chats zu löschen, drücken Sie auf der Startseite einfach fünfmal (5X) die Seitentaste. Dieser Tipp ist entscheidend, wenn Sie eine neue Eingabeaufforderungssitzung starten, um sicherzustellen, dass die Antworten auf einer sauberen Grundlage ohne Störungen durch vorherige Interaktionen basieren.

Indem Sie diese intelligenten Kommunikationstipps und -techniken beherrschen, können Sie das volle Potenzial des Rabbit R1 ausschöpfen und ihn in Ihren unverzichtbaren KI-Begleiter zur Bewältigung Ihrer täglichen Aufgaben verwandeln.

Das Large Action Model (LAM) verstehen

Das Large Action Model (LAM) des Rabbit R1 ist eine Schlüsselinnovation und ermöglicht nahtlose Interaktionen mit Anwendungen. Inspiriert von bestehenden LLM (Large Language Models) stellt LAM assoziative Verbindungen zwischen Schnittstellenelementen her und erfasst so die Essenz von Apps. Diese interpretierende Methodik weicht von traditionellen KI-Modellen ab, die sich ausschließlich auf App-Code konzentrieren.

LAM nutzt umfangreiche Datensätze, die vom Rabbit-Team zusammengestellt wurden und die menschliche Interaktion mit Schnittstellen detailliert beschreiben. Durch die Nutzung dieser Beispiele umgeht LAM die Notwendigkeit, Arbeitsabläufe von Grund auf zu erlernen, und beschleunigt die Abstimmung mit den Benutzern durch Nutzung der kollektiven Intelligenz.

Indem LAM die menschliche Perspektive über die reine Softwareprogrammierung stellt, dekodiert es Anfragen flexibel und navigiert adaptiv durch neue Szenarien. Es bietet sogar Feedback zur Verfeinerung und überbrückt so die bestehende Lücke zwischen Benutzern und Systemen, um eine mühelose Zusammenarbeit zu ermöglichen.

Die Umwandlung natürlicher Sprachausdrücke in ausführbare Sequenzen erfordert ein tiefes Verständnis von Kontext und Absicht. Ob die Aufgabe so einfach ist wie „Kinokarten kaufen " oder so kompliziert wie „einen Wochenendausflug zum Jubiläum planen ", der Rabbit R1 analysiert Details präzise, mit freundlicher Genehmigung von LAM.

Basierend auf einer für mehrstufige Inferenz optimierten neuronalen Netzwerkarchitektur greift LAM auf relevante Kontexthinweise zurück, um die Essenz der Sprache herauszufiltern. So werden Aktionen zwischen den beteiligten Apps nahtlos orchestriert und den Benutzern gleichzeitig Echtzeit-Updates bereitgestellt.

Da LAM KI-Techniken wie bestärkendes Lernen und transformatorbasierte Netzwerke nutzt, verfeinert der

Rabbit R1 seine Anpassung an sprachliche Nuancen kontinuierlich. Aktuelle Leistungsmesswerte zeigen Bereiche auf, in denen mehr Trainingsdaten erforderlich sind, das Verständnis verbessert und der Durchsatz von Wort zu Aktion gesteigert wird, während sich sein Wortschatz und seine situative Kompetenz erweitern. Diese Verschmelzung von fortschrittlicher KI und echten menschlichen Verhaltensmustern ermöglicht eine mühelose Sprachsteuerung von Anwendungen.

Kapitel 5

Das Einstellungsmenü

Ihr Rabbit R1 hat mehr als nur ein verspieltes Äußeres. Es verfügt über ein Einstellungsmenü, mit dem Sie Ihr Erlebnis mit dem Gerät optimieren können. Um auf die Einstellungsseite zuzugreifen, schütteln Sie das Gerät einfach leicht. Schauen wir uns doch einmal alle Optionen im Einstellungsmenü an:

- **Helligkeit**: Sie können die Bildschirmhelligkeit des R1-Geräts Ihren Wünschen entsprechend anpassen, um bei allen Lichtverhältnissen eine optimale Anzeige zu gewährleisten. Um die Helligkeit anzupassen, stellen Sie sicher, dass die Anzeige auf der Helligkeitsoption steht, und drücken Sie dann die Seitentaste, um auf die Helligkeitsschnittstelle zuzugreifen. Halten Sie dort die Seitentaste gedrückt und verwenden Sie das Scrollrad, um die Helligkeitsstufe nach Ihren Wünschen anzupassen. Wenn Sie fertig sind, lassen Sie die Taste los und schütteln Sie das Gerät, um zum Einstellungsmenü zurückzukehren.

- **Volumen**: Mit dieser Funktion können Sie die Intensität von Sprach-, Medien- und Systemtönen anpassen und so die Audioausgabe des R1 für kristallklare Reaktionen und Melodien fein abstimmen. Um dies zu konfigurieren, öffnen Sie die Lautstärke mit der Seitentaste und wählen Sie dann mit dem Scrollrad entweder Sprach-, Medien- oder Systemtöne aus. Drücken Sie die Seitentaste, um Ihre Auswahl zu bestätigen, und halten Sie dann die Seitentaste gedrückt, während Sie mit dem Scrollrad die Lautstärke nach Wunsch einstellen, ob hoch oder niedrig. Lassen Sie die Seitentaste los, um zur vorherigen Benutzeroberfläche zurückzukehren. Schütteln Sie das Gerät, um zum Einstellungsmenü zurückzukehren.

- **Bluetooth**: Das R1 ist nicht nur ein eigenständiges Gerät. Dank seiner Bluetooth-Funktion können Sie es mühelos mit Ihrem Smartphone oder anderen drahtlosen Geräten koppeln und so einen nahtlosen Informations- und Unterhaltungsaustausch gewährleisten. Um andere Geräte mit Ihrem R1 zu verbinden, greifen Sie einfach mit der Seitentaste auf die Bluetooth-Option zu. Stellen Sie sicher, dass Bluetooth auf Ihrem Gerät aktiviert ist. Sie können dann nach Geräten in der Nähe suchen, bei denen Bluetooth aktiviert ist. Verwenden Sie das Scrollrad, um das gewünschte Gerät auszuwählen, wenn mehrere Geräte erkannt werden. Drücken Sie die Seitentaste, um eine Verbindung herzustellen. Schütteln Sie das Gerät, um zum Einstellungsmenü zurückzukehren, sobald die Kopplung abgeschlossen ist.

- **Netzwerk**: Verbunden zu bleiben ist das Wichtigste. Die Netzwerkeinstellungen ermöglichen es Ihnen, den R1 mit verfügbaren WLAN-Hotspots oder Mobilfunknetzen zu verbinden, wenn Sie eine SIM-Karte verwenden, und sorgen so für eine nahtlose Integration. Ohne Internetverbindung kann der R1 seinen Zweck nicht erfüllen. Um dies zu konfigurieren, rufen Sie die Netzwerkoption auf und verwenden Sie das Scrollrad, um ein Mobilfunknetz oder WLAN-Netzwerk auszuwählen, wenn mehrere Optionen verfügbar sind. Nachdem Sie das gewünschte Netzwerk ausgewählt haben, drehen Sie Ihr Gerät, um die Tastatur zu aktivieren (stellen Sie sicher, dass die Seite mit dem Scrollrad nach unten zeigt). Geben Sie das richtige Passwort für das gewählte WLAN ein und drücken Sie die Seitentaste, um eine Verbindung herzustellen. Schütteln Sie Ihr Gerät nach erfolgreicher Verbindung, um zum Einstellungsmenü zurückzukehren.

- **Sicherheit**: Genau wie andere beliebte digitale Geräte verdient Ihr R1 Sicherheit. Die Sicherheitseinstellungen bieten Optionen zum Verwalten von Passwörtern und zum Kontrollieren des Zugriffs auf andere bestimmte Funktionen, um Ihre persönlichen Daten zu schützen.

- **Ausschalten**: Auch Kaninchen brauchen ihre Ruhe! Mit der Power-Einstellung können Sie den R1 vollständig ausschalten, wenn Sie ihn nicht mehr brauchen. Das spart Batterielebensdauer und ermöglicht Ihnen bei Bedarf eine digitale Entgiftung.

- **Terminal aktivieren**: Das Aktivieren dieser Option ist für das Freischalten zahlreicher Funktionen des Rabbit R1 zwingend erforderlich. So wird beispielsweise die Tastatur nur angezeigt, wenn diese Option aktiviert ist. Um sie zu aktivieren, navigiert man im Einstellungsmenü mit dem Scrollrad dorthin und drückt einfach die Seitentaste. Wird die Anzeigeleiste orange, ist die Option aktiv, andernfalls ist sie deaktiviert.

- **Um**: Sind Sie neugierig, wie Ihr R1 funktioniert und wer hinter dem Team steht? Der Abschnitt "Info" bietet grundlegende Informationen zur Softwareversion und den Hardwarespezifikationen. Stellen Sie sich das so vor, als würden Sie einen Blick unter die Haube werfen und sehen, wie Ihr KI-Begleiter tickt.

- **Compliance und Haftungsausschluss**: In diesen Abschnitten geht es um rechtliche Aspekte. Sie zeigen die Regeln und Einschränkungen für den Betrieb des R1 an, ähnlich dem Kleingedruckten in einem Benutzerhandbuch. Nicht die spannendste Lektüre, aber wichtig für den verantwortungsvollen Umgang mit Ihrem Gerät.

Bedenken Sie, dass dies nur die Anfangsphase des R1-Geräts darstellt. Im Laufe der Weiterentwicklung des R1 können weitere Funktionen in das Einstellungsmenü integriert werden, die weitere Möglichkeiten zur individuellen Anpassung Ihres Erlebnisses bieten. Nutzen Sie daher vorerst die Gelegenheit, Ihr Rabbit R1 zu erkunden, zu experimentieren und in etwas wirklich Einzigartiges zu verwandeln.

Das Einstellungsmenü

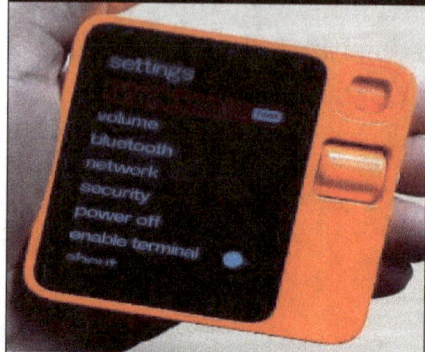

Schütteln Sie das Gerät, um zum Einstellungsmenü zu gelangen.

Halten Sie die Seitentaste gedrückt und verwenden Sie das Scrollrad, um die Helligkeit anzupassen.

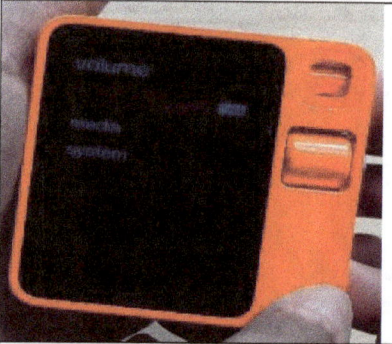

Hier können Sie die Sprach-, Medien- und Systemlautstärke einstellen.

Stellen Sie die Lautstärke auf die gleiche Weise ein wie die Helligkeit.

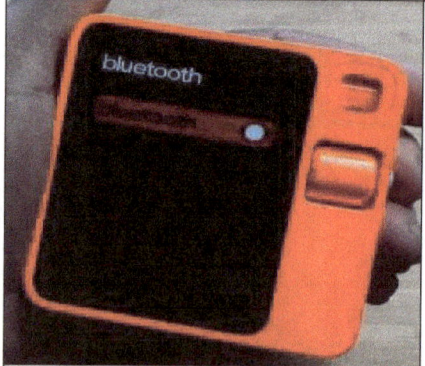

Schalten Sie Bluetooth ein und stellen Sie eine Verbindung zu anderen verfügbaren Bluetooth-Geräten her.

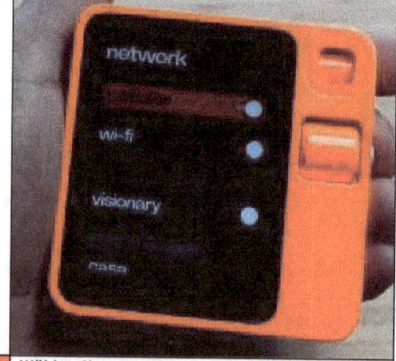

Wählen Sie entweder ein Mobilfunk- oder WLAN-Netzwerk für die Verbindung aus

Kapitel 6

Datenschutz und Sicherheit des Rabbit R1

Da digitale Assistenten und Smart-Home-Geräte mit ständig eingeschalteten Mikrofonen allgegenwärtig werden, nehmen die Datenschutzbedenken hinsichtlich der Menge an Daten zu, die ohne Zustimmung der Benutzer erfasst werden. In Audioaufzeichnungen kodierte vertrauliche Gespräche und Verhaltensweisen dienen allzu oft gewinnorientierten Analysen, anstatt den Bedürfnissen der Benutzer zu dienen.

Rabbit hat aus diesen Fehltritten gelernt und den Rabbit R1 so konzipiert, dass er nur zuhört, wenn er ausdrücklich dazu aufgefordert wird. Seine seitlich angebrachte Push-to-Talk-Taste aktiviert das Mikrofon manuell und stellt sicher, dass Audiodaten nur bei absichtlicher Interaktion erfasst werden. Dieser taktile Mechanismus gibt dem Benutzer die Kontrolle darüber, wann die Interaktion stattfindet.

Wie ein Walkie-Talkie bleibt das Rabbit R1 still, bis der Benutzer den Knopf drückt und spricht. Beim Loslassen wird die Aufnahme sofort beendet. Diese unkomplizierte Art der absichtlichen Interaktion verstärkt die

Privatsphäre und Transparenz der Benutzer auf Hardwareebene, ohne die Funktionalität zu beeinträchtigen.

Die Rolle des Mikrofons

Die Mikrofon-Audio-Suite des R1 spielt eine zentrale Rolle bei der Verbindung der physischen und digitalen Welt. Sie besteht aus einem 5-Mikrofon-Array mit Geräuschunterdrückung und Beamforming für ultrapräzise Richtwirkung und nimmt Stimmen in einem Radius von 5,5 Metern klar auf, während Umgebungsgeräusche unterdrückt werden.

Dieser enge Fokus ermöglicht eine genaue Transkription selbst in überfüllten Umgebungen. Die mehrkanalige Echounterdrückung verfeinert die Eingabequalität weiter und sorgt für eine einwandfreie Spracherkennung. Dedizierter Chip im Gerät beschleunigt die Audioverarbeitung, um die Latenz zu minimieren.

Wenn die Funktion nicht manuell aktiviert wird, wird unabhängig von den Umgebungsgeräuschen keinerlei Audio vom Gerät gestreamt. Auf Schaltkreisebene bleiben die Mikrofone ausgeschaltet, um die Möglichkeit eines unbeabsichtigten Abhörens auszuschließen. Benutzer genießen somit sowohl verbesserte interaktive Erlebnisse als auch absolute Privatsphäre.

Rabbits Verpflichtung zum Datenschutz bei der Infrastrukturgestaltung

End-to-End-Datenschutz durchdringt auch die Infrastruktur von Rabbit R1. Rabbit verzichtet darauf, Benutzer über Apps hinweg zu verfolgen, um Werbung zu gestalten oder Benutzerprofilberichte zu erstellen. R1 nutzt ausschließlich First-Party-Daten, die einvernehmlich angeboten werden, um angeforderte Dienste bereitzustellen.

Auf der Datenpipeline-Seite werden Audioeingaben sofort transkribiert und dann nach der Bearbeitung verworfen, anstatt langfristig gespeichert zu werden. Es werden nur Interaktionsprotokolle gespeichert, die für die Verbesserung der Systemfunktionen von entscheidender Bedeutung sind. Diese Protokolle schließen alle benutzeridentifizierenden Details aus und verwenden anonyme Kennungen, um aggregierte Nutzungsmuster zu analysieren.

Beim Zugriff auf verfügbare Apps von Drittanbietern müssen sich Benutzer beim R1 anmelden, eine Verbindung herstellen und sich über das Rabbithole-Portal anmelden, anstatt die Anmeldeinformationen extern zu extrahieren. Dadurch werden die bewährten Sicherheitspraktiken für die AuDasntifizierung eingehalten. Nach der Anmeldung bleiben die Berechtigungen eng auf die momentane Aufgabenerledigung beschränkt, basierend auf dem delegierten Zugriff, den Benutzer während der Autorisierungsabläufe gewähren.

AuDasntifizierung und Benutzersicherheit

Um strenge Datenschutzstandards einzuhalten, verwendet R1 beim Verknüpfen von Benutzerkonten eine Multi-Faktor-AuDasntifizierung. Dies verhindert unbefugten Zugriff, selbst wenn Passwörter von außen kompromittiert werden. In späteren Upgrades wird voraussichtlich bei verknüpften Apps mit hochsensiblen Anwendungsfällen eine zweistufige Verifizierung erfolgen.

Anmeldedaten werden niemals an die Rabbit-Server übertragen oder dort gespeichert. Dieser Ansatz erhöht die Passwortsicherheit bei geringerem Risiko. In Kombination mit den regelmäßigen Sicherheitsprüfungen durch das Rabbit-Team bietet R1 zuverlässigen Schutz vor Malware-Angriffen auf gespeicherte Informationen oder Benutzeraktivitäten.

Einschränkungen des Rabbit R1 AI Companion

Während der Rabbit R1 als freundlicher KI-Begleiter glänzt, können Sie Ihr Erlebnis optimieren, wenn Sie seine Grenzen kennen. Hier ist ein Blick auf seine Mängel:

1. Lernkurve für neue Benutzer: Obwohl das Programm benutzerfreundlich gestaltet ist, ist eine leichte Lernkurve zu erwarten, insbesondere für KI-Neulinge. Stellen Sie sich darauf ein, dass Sie einige Zeit damit verbringen werden, die einzigartigen Funktionen und Fähigkeiten des R1 durch dieses Handbuch zu verstehen.

2. Hardware-Horizonte: Obwohl das R1 leistungsstark ist, verfügt es nicht über die Verarbeitungseffizienz einiger hochmoderner Smartphones und Computer. Dies könnte seine Fähigkeit beeinträchtigen, schwere Aufgaben zu bewältigen oder mehrere anspruchsvolle Anfragen blitzschnell zu jonglieren. Außerdem wird das Rabbit R1 ohne Kabel, Ladegeräte oder Ohrhörer geliefert. Diese müssen Sie selbst besorgen.

3. App-Allianzen: Die Fähigkeit des R1, mit anderen Apps zu kommunizieren, hängt von deren Integrationsfähigkeiten ab. Derzeit können nur Apps, die auf der Rabbithole-Plattform vorhanden sind, mit dem R1-Gerät verbunden und verwendet werden. Wir hoffen, dass zukünftige Updates die App-Integration flexibler machen werden.

4. Batterielebensdauer: Rabbit verspricht zwar ein ganztägiges Abenteuer, die Reichweite kann jedoch je nach Intensität der Nutzung Ihres KI-Begleiters variieren. Power-User müssen möglicherweise häufiger aufladen.

5. Abhängigkeit vom Internet: Ohne eine starke, stabile Internetverbindung sind die Flügel des R1 gestutzt. Wenn Sie häufige Verbindungsprobleme oder schwarze Löcher im Internet haben, kann die Leistung stark nachlassen.

6. Physische Grenzen: Die kompakte Form und Bildschirmgröße des R1 schränken seine Leistungsfähigkeit bei Aufgaben ein, die umfangreiche physische Interaktion oder große visuelle Darstellungen erfordern. Denken Sie an heikle Projekte wie Datenanalysen oder Filmmarathons, und Sie werden verstehen, was ich meine.

7. Datenschutz und Sicherheit: Wie jedes Gerät, dem Sie Ihr digitales Leben anvertrauen, birgt das R1 potenzielle Datenschutz- und Sicherheitsbedenken, auch wenn diese nur minimal sind. Vertrauen Sie den Schutzmechanismen des Rabbit R1 und führen Sie bedenkenlos Updates durch, sobald diese verfügbar sind.

Die oben genannten Einschränkungen sollen Sie nicht entmutigen. Sie sollen Ihnen vielmehr ein größeres Bewusstsein und eine größere Wertschätzung für die

Navigation des R1 vermitteln. Konzentrieren Sie sich auf seine Stärken und schöpfen Sie das volle Potenzial Ihres freundlichen KI-Begleiters aus.

Kapitel 7

101 Dinge, die Ihr Rabbit R1 tun kann
(Intelligente Sprachansagen inklusive)

Hier ist eine erweiterte Liste mit 101 Dingen, die Sie mit dem Rabbit R1 tun können, wobei sowohl die integrierten Funktionen als auch die möglichen Rabbithole-App-Integrationen berücksichtigt werden:

Grundfunktionen:

- **Nachgucken wie das Wetter wird**

    Eingabeaufforderung: "Wie ist das Wetter heute?"

- **Erhalten Sie zufällige Fakten**

    Eingabeaufforderung: "Welches war das erste kommerzielle Flugzeugmodell, das jemals existierte?"

- **Nachrichten lesen**

    Eingabeaufforderung: "Können Sie die Schlagzeilen von heute vorlesen?"

- **Spiel Musik**

    Eingabeaufforderung: "Spiel mir [Songtitel] von [Name des Künstlers oder der Band]"
    Notiz: (damit diese Eingabeaufforderung funktioniert, muss Ihr Spotify-Konto mit dem Rabbithole-Portal verbunden sein)

- **Berechnungen durchführen**

    Eingabeaufforderung: "Was ist 21 + 27 x 45?"

- **Verfassen Sie eine Geburtstagsnachricht**

    Prompt: "Meine Mutter hat heute Geburtstag. Bitte helfen Sie mir, eine perfekte Nachricht für sie zu verfassen."

    Notiz:(Verwenden Sie für diese Anfrage die Tastatur, damit Sie die Nachricht nach der Generierung einfach kopieren können.)

- **Definitionen nachschlagen**

    Prompt: "Was bedeutet [fügen Sie hier ein beliebiges englisches Wort ein] im Wörterbuch?"

- **Einheiten umrechnen (zB Temperatur, Währung)**
  Prompt: "Was ist [Währung oder Einheiten einfügen], umgerechnet in [Währung oder Einheiten einfügen]?"

- **Spielen Sie ein einfaches Quizspiel**

  Prompt: "Lass uns ein Quizspiel spielen. Stell mir eine beliebige Frage und ich gebe dir eine Antwort."

  Deine Antwort: "Meine Antwort ist [sag deine Antwort]. Habe ich Recht? Wenn ich falsch liege, gib mir die richtige Antwort und stell mir eine andere Frage."

  Drücken Sie die Seitentaste fünfmal, um den Speicher des Assistenten zu aktualisieren, wenn Sie mit dem Quizspiel fertig sind.

- **Verwenden Sie R1, um einen Textabschnitt zu lesen**

  Klicken Sie zweimal auf die Seitentaste, um die Kamera zu aktivieren. Positionieren Sie die Kamera vor dem gewünschten Text (stellen Sie sicher, dass die Bilder für die Analyse durch das Gerät klar genug sind).

  Fahren Sie mit der Verwendung der Eingabeaufforderung unten fort.
  Prompt: "Lies den Text in diesem Bild vor"

- **Einkaufslisten erstellen oder Rezepte generieren**

  Prompt: "Ich möchte [Name des Gerichts einfügen] zubereiten, helfen Sie mir bei der Auswahl eines passenden Rezepts für eine dreiköpfige Familie."

- **Ideen hervorbringen**

  Eingabeaufforderung: "Was ist der beste Weg, um [fügen Sie ein, wobei Sie Hilfe benötigen]?"

Unterhaltungsideen:

- **Bewerten Sie Filme mit der Rabbit AI**

  Prompt: "Erzählen Sie mir alles, was ich über den Film "Die Maske" von Jim Carrey aus dem Jahr 1994 wissen muss."

- **Bitten Sie es, Ihnen Witze zu erzählen**

  Prompt: "Erzähl mir einen sehr lustigen Witz über [beliebiges Dasma hinzufügen]"

- **Identifizieren Sie die Musik, die um Sie herum gespielt wird**

  Halten Sie die Seitentaste gedrückt, während im Hintergrund laute Musik läuft, und verwenden Sie die folgende Eingabeaufforderung:

  Prompt: "Wie heißt das Lied, das im Hintergrund läuft?" (Lassen Sie es einen Moment lang laufen, bevor Sie die Seitentaste loslassen.)

- **Sagen Sie ihm, er soll eine Fernsehsendung analysieren**

  Prompt: "Was ist die Handlung der Sitcom "Friends" aus dem Jahr 1994?"

- **Finden Sie Freizeitzentren in der Nähe**

  Prompt: "Ich lebe in Austin, Texas, und möchte den Geburtstag meiner fünfjährigen Tochter feiern. Können Sie mir Orte nennen, an denen ich mit ihr am meisten Spaß haben kann?"

- **Podcasts streamen**

  Notiz: Stellen Sie sicher, dass Ihr R1 auf dem Rabbithole-Portal mit Spotify verbunden ist, bevor Sie diese Eingabeaufforderung ausprobieren.

  Prompt: "Spiel mir den Sessel-Experten Podcast Folge 3"

- **Lernen Sie zufällige Fakten**

  Prompt: "Erzählen Sie mir eine zufällige, aber interessante Tatsache über [beliebiges Dasma hinzufügen]"

- **Geschichten generieren**

  Prompt: "Erzähl mir eine kurze und interessante Gutenachtgeschichte über [beliebiges Dasma hinzufügen]"

- **Lerne ein neues Wort**

  Prompt: "Welche anderen Wörter kann ich anstelle von [fügen Sie ein beliebiges englisches Wort ein] verwenden?"

- **Eine Party planen**

  Prompt: "Ich möchte eine Party für meine College-Kameraden planen. Können Sie mir Ideen geben, wie ich sie zu einem Erfolg machen kann?"

Lern- und Produktivitätsaufforderungen:

- **Bitten Sie es, wissenschaftliche Konzepte zu erklären**

  Prompt: "Erklären Sie den wissenschaftlichen Begriff [wissenschaftlicher Begriff] so, dass ein 5-jähriges Kind ihn verstehen kann"

- **Multidirektionale Übersetzung**

  Eingabeaufforderung: "Übersetzen von Englisch nach Französisch"

  R1 aktiviert den Übersetzer und Sie können in der ausgewählten Sprache zu sprechen beginnen, damit er Ihre Aussagen übersetzt.

  Wenn Sie mit dem Sprechen fertig sind, lassen Sie die Seitentaste los und der R1-Assistent liefert Ihnen eine perfekte Übersetzung Ihres Gesagten.

  Es erkennt, wenn Sie eine zweite Sprache sprechen und gibt Ihnen eine englische Übersetzung, sobald Sie mit dem Sprechen fertig sind.

  Setzen Sie das R1-Gerät zurück, indem Sie die Seitentaste fünfmal drücken, wenn Sie den Übersetzungsdienst nicht mehr benötigen.

- **Erfahren Sie mehr über Ereignisse in der Geschichte**

  Prompt: "Wer war der 30. Präsident Amerikas und wie lange dauerte seine Herrschaft?"

- **Verwenden Sie es als Fitnesstrainer**

  Prompt: "Geben Sie mir Beispiele für Übungen, die ich jeden Morgen machen kann, um meine [nennen Sie den Körperteil, den Sie aufbauen möchten] aufzubauen."

- **Pflanzenarten erkennen**

  Bei dieser Eingabeaufforderung kommt eine Sichtkamera zum Einsatz. Stellen Sie daher vor dem Start sicher, dass Ihre Kamera aktiv und auf die Anlage gerichtet ist.

  Prompt: "Wie heißt diese Pflanze und woher stammt sie?"

- **Erhalten Sie eine kurze Zusammenfassung eines Sportereignisses**

  Prompt: "Geben Sie mir eine kurze Zusammenfassung der Wimbledon-Herren-Einzelfinals im Jahr 2019"

- **Verwenden Sie es zum Lernen**

    Prompt: "Empfehlen Sie mir 5 Finanzbücher, die mir etwas über Geld und Investitionen beibringen können"

- **Übersetzen Sie unterwegs Restaurantmenüs oder Straßenschilder**

    Zur Ausführung dieser Aufgaben können Sie entweder Sprachbefehle, die Tastatur oder eine Sichtkamera verwenden (speziell zum Lesen von Straßenschildern).

    Prompt: "Welche Zutaten werden zur Herstellung von Sushi verwendet?"

    (Richten Sie die R1-Kamera auf das Straßenschild und verwenden Sie die unten stehende Eingabeaufforderung.)

    Prompt: "Sag mir, was dieses Straßenschild bedeutet"

- **Recherchieren Sie nach einfachen Heimwerkerprojekten oder Reparaturen**

    Prompt: "Bring mir bei, wie ich in meinem Garten Tomaten anbaue" oder "Bring mir bei, wie ich ein undichtes Rohr repariere"

- **Erstellen Sie ein Budget**

  Prompt: "Ich lebe in New York City und verdiene jede Woche 1.000 US-Dollar. Geben Sie mir ein Budget, mit dem ich jede Woche 50 US-Dollar von den 1.000 US-Dollar sparen kann."

Information und Kommunikation:

- **Erhalten Sie aktuelle Aktienkurse und Finanznachrichten**

  Prompt: "Wie hoch ist der aktuelle Aktienkurs von [Name des Unternehmens]?"

  "Geben Sie mir die neuesten Finanznachrichten."

- **Überprüfen Sie Sportergebnisse und -termine**

  Eingabeaufforderung: "Wie ist der aktuelle Spielstand des Fußballspiels zwischen [Geben Sie die Namen beider Teams ein]?"

- **Fluginformationen und Reiserouten abrufen**

  Prompt: "Sagen Sie mir, ob es heute Verspätungen für Flüge gibt, die am [Flughafencode] ankommen."

  "Gibt es für meine Reise nach [Zielstadt] am [Datum] eine günstigere Flugoption?"

- **Finden Sie öffentliche Verkehrsmittel oder Wegbeschreibungen**

    Prompt: "Wann kommt der nächste Bus bei [Name der Bushaltestelle] an?"

    "Zeigen Sie mir den Zugfahrplan nach [Zielbahnhof]."

- **Informieren Sie sich über bevorstehende Veranstaltungen in Ihrer Nähe**

    Prompt: "Finden im nächsten Monat in [Ihrer Stadt] Veranstaltungen vom Typ [Veranstaltungsart] statt?" (z. B. Kunstausstellungen, Comedy-Shows, Sportveranstaltungen)

- **Suchen Sie nach Musikkritiken oder Restaurantbewertungen**

    Prompt: "Zeigen Sie mir einige Rezensionen zu [Songname] von [Künstlername]."

    „Wie sind die Bewertungen für [Name des Restaurants] und gibt es vegetarische Optionen? "

- **Hier finden Sie Kochanleitungen**

    Prompt: "Zeigen Sie mir ein Rezept für [Name des Gerichts] mit Schritt-für-Schritt-Anleitung."

- **Verwenden Sie es als Dassaurus**

    Prompt: "Zeigen Sie mir, wie das Wort [Wort] in einem Satz verwendet wird."

- **Flugverspätungen prüfen**

    Prompt: Wenn Sie Ihre Bestätigungsnummer zur Hand haben, können Sie diese Eingabeaufforderung versuchen.

    "Hat meine Reise mit der Bestätigungsnummer [Bestätigungsnummer] Verspätung?"

- **Finden Sie Gesundheitszentren in Ihrer Nähe**

    Prompt: "Suche nach [Art von Gesundheitszentrum] in meiner Nähe." Das kann eine Kinderklinik, eine Frauenklinik usw. sein.

Fotografie und Kreativität:

- **Erfahren Sie, wie Sie nachts gute Bilder machen**

    Prompt: "Können Sie erklären, wie man nachts Langzeitbelichtungsfotos macht?"

- **Lernen Sie interessante Fototechniken**

    Prompt: "Bring mir Perspektiven in der Fotografie bei"

- **Erstellen Sie mit Midjourney ein Produktlogo**

  Prompt: "Erstellen Sie ein professionelles Logo für ein Produkt namens [Produktname], das als Hauptelement ein [Symbol/eine Form] verwendet."

  Notiz: *Damit diese Eingabeaufforderung funktioniert, müssen Sie Ihr Midjourney-Konto mit dem Rabbithole-Portal verbinden.*

- **Erhalten Sie eine professionelle Beschreibung eines Bildes**

  Aktivieren Sie zunächst die Kamera, indem Sie zweimal auf die Seitentaste klicken. Richten Sie sie dann auf ein Foto oder ein Straßenplakat und halten Sie die Seitentaste gedrückt, während Sie die folgende Eingabeaufforderung verwenden:

  Prompt: "Verhalten Sie sich wie ein professioneller Fotograf mit langjähriger Erfahrung und geben Sie mir eine detaillierte Beschreibung dieses Bildes."

- **Ein Gedicht rezitieren**

  Prompt: "Rezitieren Sie ein Gedicht über [fügen Sie das Dasma des Gedichts hinzu, das Sie rezitieren möchten]"

- **Generieren Sie aussagekräftige Ideen für ein Geschichtenbuch**

    Prompt: "Geben Sie mir eine Idee für ein Bilderbuch, das für Kinder im Alter von [Altersgruppe] geeignet ist."

- **Songtexte entdecken**

    Prompt: "Lesen Sie den Text eines Liedes mit dem Titel [Titel hinzufügen]" von [Name des Künstlers]."

- **Produkte im Supermarkt analysieren**

    Aktivieren Sie die Kamera, richten Sie sie auf die Beschreibung auf der Rückseite des Produkts und verwenden Sie dann diese Eingabeaufforderung.

    Prompt: "Ist dieses Produkt laut Beschreibung für Kinder im Alter [Altersgruppe] geeignet?"

- **Testen Sie die Sehgenauigkeit**

    Nachdem Sie die Kamera aktiviert haben, richten Sie sie auf ein Objekt, aber fragen Sie nicht, was das Objekt ist, sondern ob es ein anderes Objekt ist als das, was es ursprünglich war.

    Prompt: "Ist das eine Orange?" (Richten Sie die Kamera auf einen Fußball. Probieren Sie es mit vielen anderen Objekten aus, um herauszufinden, wie oft der Test nicht erfolgreich ist.)

- **Verwenden Sie es zum Gesangsüben**

    Prompt: "[Singe einen Teil eines Liedes] Habe ich das Lied richtig gesungen? Es ist ein Lied mit dem Titel [Liedtitel] von [Name des Künstlers]"

Erweiterte Verwendungen:

- **Konvertieren Sie eine handschriftliche Tabelle in CSV und lassen Sie sie sich per E-Mail zusenden**

    Diese Aufgabe ist nicht mühsam. Sie müssen lediglich die Kamera aktivieren, eine Tabelle mit mehreren Zeilen und Spalten zeichnen und diese mit Daten füllen. Alternativ können Sie die Kamera auch auf eine vorhandene Tabelle richten und dann die folgende Eingabeaufforderung verwenden:

    Prompt: "Dies ist eine Tabelle mit wichtigen Informationen. Fügen Sie in der ersten Spalte eine neue Zeile hinzu, fügen Sie das Wort [fügen Sie ein beliebiges Wort hinzu] ein und senden Sie sie mir als CSV-Datei per E-Mail."

    (Sie erhalten die E-Mail mit Ihrem Anhang in weniger als 10 Sekunden)

- **Aufzeichnen eines Meetings oder Seminars**

    Eingabeaufforderung: "Starten Sie den Sprachrekorder"

    Notiz: Scrollen Sie mit dem Rad nach unten und drücken Sie die Seitentaste, um die Verwendung des Rekorders zu beenden. Sie können Ihre Audioaufnahme auf dem Rabbithole-Portal zusammen mit einer schriftlichen Zusammenfassung der Aufnahme in Stichpunkten vorab ansehen, die Sie nach Ihren spezifischen Anforderungen bearbeiten können.

- **Führen Sie ein ernstes Gespräch**

    Prompt: "Verhalte dich wie ein professioneller Dasrapeut und nenne mir mögliche Gründe, warum ich immer wütend werde."

    Führen Sie das Gespräch weiter, bis der Rabbit-Assistent alle Ihre Fragen zu diesem Dasma beantwortet hat.

- **Bestellen Sie einen Uber**

    Notiz: Damit diese Eingabeaufforderung funktioniert, muss Ihr Uber-Konto mit dem Rabbithole-Portal verbunden sein.

    Prompt: "Können Sie mir ein Uber nach [Name des Ortes] besorgen?"

Sie müssen die Abholung auf dem Gerät bestätigen, indem Sie entweder "Arbeit" oder "Zuhause" auswählen (halten Sie die Seitentaste gedrückt, um Ihre Auswahl zu treffen).

Scrollen Sie nach unten zu "Weiter" und klicken Sie darauf.

Bestätigen Sie die Abgabe zu Hause oder am Arbeitsplatz

Wählen Sie eine Option zwischen den drei [Uber X, Uber XL oder Uber Black]

Geben Sie Ihre PIN mithilfe des Scrollrads und der Seitentaste ein und bestätigen Sie die Bestellung.

- **Essen bestellen**

    Um diese Aufgabe auszuführen, muss Ihr Doordash-Konto mit dem Rabbithole-Portal verbunden sein.

    Eingabeaufforderung: "Essen bei Doordash bestellen" oder "Ich möchte Essen bestellen"

    Der Kaninchenassistent öffnet für Sie die App, damit Sie sehen können, welches Futter verfügbar ist.

    Verwenden Sie das Scrollrad, um das Menü zu überprüfen, und verwenden Sie die Seitentaste, um eine beliebige Mahlzeit auszuwählen.

Wenn Sie mit der Auswahl fertig sind, scrollen Sie nach unten und klicken Sie mit der Seitentaste auf die Option "Warenkorb".

Der Einkaufswagen wird geöffnet und zeigt alles an, was Sie gerade bestellt haben. Klicken Sie auf „Zur Kasse ".

Die Kasse berechnet und zeigt Ihre Rechnung an. Klicken Sie auf die Seitentaste, um zu bezahlen. Sie werden aufgefordert, Ihren Passcode mithilfe des Scrollrads und der Seitentaste einzugeben. Wenn Sie den richtigen Code eingeben, wird die Bestellung ausgeführt.

- **Komplexen Text interpretieren**

  Für diese Aufgabe ist eine Sichtkamera erforderlich. Sobald die Kamera auf das Dokument gerichtet ist, verwenden Sie die folgende Eingabeaufforderung:

  Prompt: "Dies ist ein Dokument meines Vermieters. Sagen Sie mir, welche genaue Botschaft das Dokument vermitteln soll."

- **Erinnern Sie sich an ein Lied**

  Prompt: "Ich kann mich an kein Lied erinnern, aber der Text steht da [sag den Text, an den du dich erinnerst]"

- **Rohdaten erklären**

    Notiz: Für diese Aufgabe wird die Kamera Rabbit R1 verwendet. Richten Sie die Kamera auf eine Wanduhr und verwenden Sie diese Eingabeaufforderung:

    Prompt: "Sag mir, wie spät es ist, indem du auf die Wanduhr schaust"

- **Lesen eines Diagramms**

    Notiz: Bei dieser Aufgabe kommt die Kamera zum Einsatz. Richten Sie die Kamera auf ein Blatt oder einen Bildschirm mit einer klaren Grafik und verwenden Sie die folgende Eingabeaufforderung:

    Prompt: "Erklären Sie diese Grafik wie ein professioneller Statistiker, und machen Sie die Erklärung so einfach, dass sie jeder verstehen kann."

- **Stellen Sie zusammengesetzte Fragen**

    Sie können für diese Eingabeaufforderung entweder die Kamera oder nur den Sprachbefehl verwenden.

    Prompt: "Um welche Pflanzenart handelt es sich und wie pflege ich sie richtig?" oder "Was ist für einen Anfänger besser geeignet: akustische oder elektronische Gitarre?"

Unkonventionelle Verwendungen:

- **Verwenden Sie es, um Wolkenformationen zu studieren**
  Schalten Sie Ihre Kamera ein und richten Sie sie auf die Wolken.
  Prompt: "Wie heißt diese Wolkenformation?"

- **Fordere die Kaninchen-KI zu einem Rap-Battle heraus**

  Prompt: "Versuch, besser zu rappen als ich, hier ist mein Vers [fang an zu rappen]"

- **Zeichnen Sie Geräusche von Tieren und Objekten auf und bitten Sie R1, sie zu identifizieren.**

  Spielen Sie mit Ihrem Telefon den gerade aufgenommenen Ton ab, nachdem Sie Ihrem Kaninchen r1 gesagt haben, es solle das Tier oder den Gegenstand anhand des Tons identifizieren.

  Prompt: "Welcher Gegenstand oder welches Tier macht dieses Geräusch?"

- **Schreibe einen Aufsatz**

  Prompt: "Schreib mir einen Aufsatz zum Dasma [sag dem Gerät, worum es in dem Aufsatz gehen soll]"

Notiz: *Sobald Sie mit dem Sprechen fertig sind, drehen Sie das Gerät einfach um, um die Tastatur anzuzeigen. Befolgen Sie dazu die Schritte, die ich Ihnen zuvor gezeigt habe. Ihr Aufsatz wird dann in schriftlicher Form angezeigt, auch wenn das Rabbit R1-Gerät beim Schreiben noch spricht.*

Freizeit:

- **Erhalten Sie Buchempfehlungen zu bestimmten Dasmen**
  Prompt: "Schlagen Sie geeignete Bücher zum Lesen vor, wenn ich mehr über [sagen wir das Dasma] erfahren möchte"

- **Informieren Sie sich über Wanderwege in Ihrer Umgebung**
  Prompt: "Ich möchte einen erholsamen Spaziergang machen, schlagen Sie mir bitte schöne Wanderwege in meiner Nähe vor"

- **Lerne, ein Instrument zu spielen**
  Prompt: "Bring mir bei, wie man [sag den Namen eines Musikinstruments] spielt"

- **Lernen Sie, wie man backt**
  Prompt: "Bring mir bei, wie man [nenne, was du backen möchtest] backt"

- **Generieren Sie Bilder von Yoga-Posen**
  Prompt: "Erstellen Sie ein Bild einer beliebten Yoga-Pose"

  Notiz: Damit diese Eingabeaufforderung funktioniert, muss Ihr Midjourney-Konto mit Ihrem Rabbithole-Portal verbunden sein.

- **Erfahre Neues über deine Stadt**
  Prompt: "Ich wohne derzeit in [Name der Stadt und des Landes]. Können Sie mir kurz die Geschichte dieser Stadt erzählen?"

Wissenserkundung:

- **Eine komplexe Forschungsarbeit zusammenfassen**
  Notiz: *Verwenden Sie Ihre Kamera, um diese Aufgabe auszuführen.*

  Prompt: "Lesen Sie diese Forschungsarbeit durch und teilen Sie mir die wichtigsten Erkenntnisse daraus mit."

- **Erhalten Sie personalisierte Trainingsroutinen**
  Prompt: "Ich bin [geben Sie Ihr Alter an] [geben Sie Ihr Geschlecht an] und [geben Sie Ihren Beruf

an], geben Sie mir ein Trainingsprogramm, das zu mir passt."

- **Erfahren Sie mehr über KI und moderne technische Innovationen**
  Prompt: "Ich möchte etwas über KI und moderne technische Innovationen erfahren. Können Sie mir bitte Leute empfehlen, denen ich in den sozialen Medien folgen und von denen ich lernen kann?"

- **Erfahren Sie wissenschaftliche Fakten über Ihren Körper**
  Prompt: "Ich bin [Geben Sie Ihr Alter an] Jahre alt [Geben Sie Ihr Geschlecht an] und möchte mehr über meinen Körper in diesem Alter Wissen"

- **Erkunden Sie historische Epochen oder wissenschaftliche Entdeckungen**
  Prompt: "Nennen Sie mir zwei Dinge, die im 20. Jahrhundert entdeckt wurden" oder "Nennen Sie mir drei bedeutende Dinge, die während der ägyptischen Ära passiert sind"

Kinder und Familie:

- **Ideen für Gutenachtgeschichten**
  Prompt: "Mein dreijähriger Sohn möchte, dass ich ihm eine Gutenachtgeschichte erzähle. Können Sie mir eine Idee für eine Kurzgeschichte geben?"

- **Schlaflieder abspielen**
  Prompt: "Es ist schon Nacht und meine zweijährige Tochter weint ständig. Bitte spiel ihr ein Schlaflied, damit sie einschlafen kann."

- Erstellen Sie jeden Morgen eine To-Do-Liste
  Prompt: "Es ist ein neuer Tag und ich möchte eine To-Do-Liste für die folgenden Aufgaben erstellen [Aufgabe 1] [Aufgabe 2] [Aufgabe 3] [Aufgabe 4]. Ich möchte mit allen Aufgaben vor [Zeit hinzufügen] fertig sein."

- **Planen Sie einen Familiencampingausflug**
  Prompt: "Gibt es in [Bundesstaat/Region, der Sie interessiert] einen familienfreundlichen Campingplatz?"

  Nächste Eingabeaufforderung: "Schlagen Sie lustige Outdoor-Aktivitäten für Familien beim Camping und einige Lagerfeuerrezepte vor, die perfekt für Familien sind"

Nächster Satz Eingabeaufforderungen:
"Zeigen Sie eine Camping-Checkliste für eine Familie mit [Anzahl] Personen."

„Welche Dinge muss man für einen komfortablen Campingausflug unbedingt einpacken? "

„Schlagen Sie eine Liste mit Kleidung vor, die Sie für einen Campingausflug in [Jahreszeit] einpacken sollten.

- **<u>Erstellen Sie einen gesunden wöchentlichen Speiseplan</u>**
  Prompt: "Ich koche für eine [Personen]-Familie. Erstellen Sie bitte einen einwöchigen Speiseplan, der mir das Kochen erleichtert."

Organisation:

- **<u>Nutzen Sie es zum Entrümpeln</u>**
  Prompt: "Geben Sie mir professionelle Tipps, wie ich in meiner Küche Platz schaffen kann"

- **<u>Erstellen Sie einen Tagesplan</u>**
  Prompt: "Ich gehe heute nicht zur Arbeit. Erstellen Sie einen Reiseplan, der mir hilft, meinen Tag zu genießen."

- **Erlangen Sie finanzielle Meisterschaft**
  Prompt: "Ich verdiene derzeit [geben Sie den Betrag ein], schlagen Sie Möglichkeiten vor, meine Ausgaben anzupassen, damit ich mein Budget einhalte."

- **Nutzen Sie es zum Brainstorming**
  Prompt: "Erzählen Sie mir etwas über die zahlreichen Brainstorming-Techniken, die Sie kennen, und empfehlen Sie die beste für eine Gruppe von drei Gründern."

- **Erstellen Sie eine Checkliste für wichtige Aufgaben**
  Prompt: "Was sind die wichtigsten Dinge, die ich bei der Erledigung von [Aufgabe] nicht vergessen sollte?"

Lustige Verwendungsmöglichkeiten:

- **Virtuelle Touren**
  Prompt: "Nehmen Sie mit mir einen virtuellen Rundgang mit Sprachführung durch [Ort]. Zum Beispiel durch Museen, historische Stätten oder sogar eine Schule."

- **Wahrsagen**
  Sie können den Rabbit R1 bitten, mithilfe von Sprachansagen verrückte Zukunftsaussagen zu machen.
  Prompt: "Werde ich heute Gründe zum Lächeln haben?"

- **Komponiere ein lustiges Lied**
  Prompt: "Ich gehe zu einer Party eines Freundes und dort soll es einen Gesangswettbewerb geben. Kannst du mir bitte ein lustiges Lied beibringen, über das sie lachen?"

- **Generiere alberne Spitznamen für deine Freunde**
  Prompt: "Ich habe [Anzahl der Freunde hinzufügen] enge Freunde, denen ich gerne lustige Spitznamen geben würde. Könnt ihr mir Vorschläge machen?"

- **Generieren oder suchen Sie nach intelligenten Angeboten für bestimmte Umstände**
  Prompt: "Erstellen/suchen Sie ein inspirierendes Zitat zum Dasma [Situation]. Besprechen Sie die Bedeutung des Zitats und seine Anwendungsmöglichkeiten."

Soziale Interaktion:

- **Erfahren Sie, wie Sie effektiv kommunizieren**
  Prompt: "Ich möchte lernen, wie man effektiv kommuniziert. Ich möchte, dass Sie mir zufällige Szenarien geben und mich fragen, wie ich in solchen Situationen effektiv kommunizieren würde. Wenn meine Antwort nicht richtig ist, schlagen Sie mir bitte die beste Antwort vor, bevor Sie mir das nächste Szenario geben."

- **Generieren Sie intelligente Gesprächseinstiege**
  Prompt: "Schlagen Sie eine lustige oder zum Nachdenken anregende Frage zum Eisbrechen oder einen Gesprächseinstieg zum Dasma [Dasma] vor."

- **Intelligente Anmachsprüche**
  Prompt: "Schlagen Sie einen intelligenten Anmachspruch vor, mit dem ich ein Mädchen beeindrucken kann, das ich im Club gesehen habe."
  Notiz: Sie können den Standort und das Geschlecht ändern, um einzigartige und interessante Anmachsprüche zu erhalten.

- **Ergänzungen generieren**
  Prompt: "Können Sie mir ein perfektes Kompliment für [sagen Sie, was Sie loben möchten]

geben? Es kann z. B. die Kleidung einer Person, ihr Talent, ihre Anstrengung, ihre Ehrlichkeit usw. sein. "

Gesundheit und Fitness:

- **Informieren Sie sich über gesunde Mahlzeiten für Ihre Altersgruppe**
  Prompt: "Geben Sie mir eine Liste mit den wichtigsten Nährstoffen für Menschen in ihrer Altersgruppe [Ihre Altersgruppe]."

- **Entdecke Fitness-Communitys und Events in deiner Stadt**
  Prompt: "Können Sie mir bei der Suche nach Fitness-Communitys oder Events helfen, die diesen Monat in meiner Stadt stattfinden?"

- **Erlernen Sie Atemübungen**
  Prompt: "Bringen Sie mir eine beliebte und wirksame Atemtechnik zur Entspannung und zum Stressabbau bei."

- **Positive Bestätigungen erzeugen**
  Prompt: "Gib mir positive Bestätigungen, um mein Selbstvertrauen für heute zu stärken."

Notiz: Sie können positive Affirmationen für Dinge wie Stressbewältigung, Zielerreichung, inneren Frieden, Stärke usw. erhalten.

Dinge, die Sie mit Ihrem Rabbit R1-Gerät tun können

Meetings und Dialoge aufzeichnen

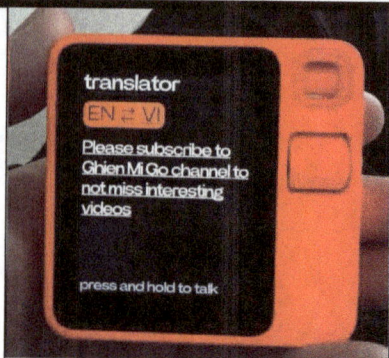

Verwenden Sie es für die multidirektionale Übersetzung.

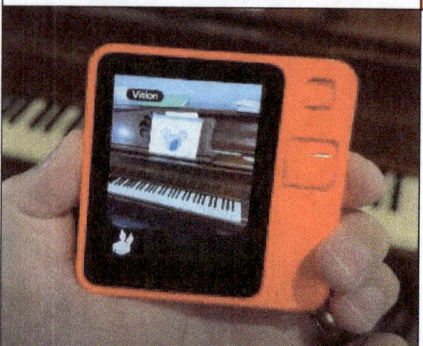

Fragen Sie es, wie man ein bestimmtes Musikinstrument spielt.

Spielen Sie Ihre Lieblingsmusik.

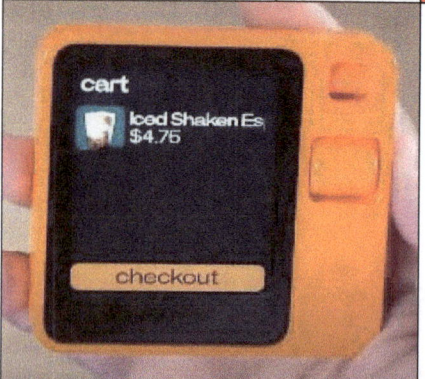

Essen und Getränke bestellen.

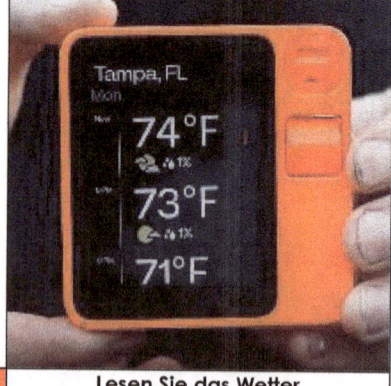

Lesen Sie das Wetter

Dinge, die Sie mit Ihrem Rabbit R1-Gerät tun können

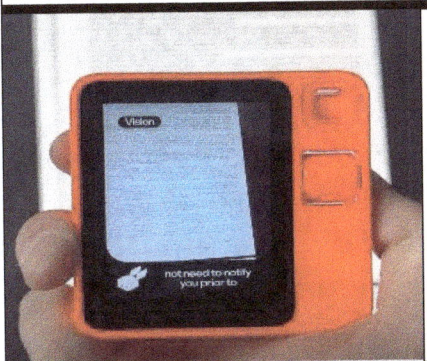

Lesen und analysieren Sie ein Dokument.

Fragen Sie, wie man eine Pflanze richtig pflegt.

Identifizieren Sie Hunderassen und finden Sie heraus, was sie lieben

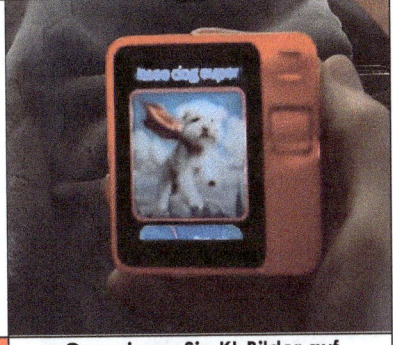

Generieren Sie KI-Bilder auf Midjourney

Bestellen Sie einen Uber

Erhalten Sie Rohdaten von Ihrer Elektronik

Vorteile der Reiseplanung mit Ihrem Rabbit R1

"Ich möchte im Juni eine einwöchige Reise nach London mit Abflug von San Francisco planen. Finden Sie Flüge, Hotels und einige Aktivitäten für mich, die ich dort unternehmen kann."

Eine solche Aufforderung kann praktisch sein. Wenn Sie dem Rabbit R1 laut Ihre Reisepläne mitteilen, wird die Urlaubsplanung ganz einfach per Gesprächsanfrage ausgelöst. Es sind keine aufwändigen Websites oder Apps erforderlich.

Mit einem einzigen kurzen Sprachbefehl geben Benutzer wichtige Kontexte an: Ziel, Dauer, Abflugort und Buchungsbestandteile wie Unterkunft und Flugpreis. R1 analysiert diese deklarativen Klauseln fließend und ordnet semantische Rollen zu, bevor relevante Einschränkungen für die Reisekonfiguration extrahiert werden (Zeitrahmen: Juni, Ort: London, 7-Nächte-Zeitraum usw.).

Diese Freiformeingabe ermöglicht eine effektive Reiseplanung. Benutzer können ihre Wünsche mit der von ihnen gewünschten Genauigkeit ausdrücken, ohne lange Formulare ausfüllen oder durch komplizierte Websites navigieren zu müssen. Rabbit OS übernimmt die schwere Arbeit und plant ein individuelles Reiseerlebnis.

Bei der Urlaubsplanung muss man mit unzähligen Optionen in Bezug auf Flüge, Unterkunft, lokale

Sehenswürdigkeiten und Transport jonglieren. Glücklicherweise gleicht der Rabbit R1 diese variablen Details mit den Prioritäten des Benutzers ab: Budgetpräferenzen, Reisestil, Gruppengröße usw.

Diese automatisierte Planung durch den Rabbit-Assistenten reduziert die Entscheidungslähmung. Benutzerbewertungen und Kostenunterschiede können oft wertvolle Zeit verschwenden, die in eine ganzheitliche Planung investiert werden könnte. Indem Sie dem Rabbit-Assistenten Ihre Persönlichkeit offenbaren, erhalten Sie passende und weiter angepasste Pakete, die Einzigartigkeit widerspiegeln.

Indem der R1 die Logistik von Anfang bis Ende nach nur einer ersten Anfrage verwaltet, sorgt er für Zufriedenheit ohne Mehraufwand. Auch Änderungen am Reiseverlauf und Bestätigungsabläufe werden vom Assistenten proaktiv abgewickelt, sodass die Kunden sich ohne lästige Verwaltungsarbeit auf die Vorfreude freuen können.

Kapitel 8

Pflege Ihres R1: Anbringen der benutzerdefinierten Hülle und des Schutzglases

Ihr Rabbit R1 ist ein hilfreicher KI-Begleiter, der Sie in Verbindung hält, informiert und Ihnen das Leben ein bisschen leichter macht. Wie bei jedem anderen Mobilgerät möchten Sie sich auch um ihn kümmern.

Hier sind einige Tipps, um sicherzustellen, dass Ihr Rabbit R1 in Topform bleibt.

Schutz für Ihr R1:

1. **Verwenden Sie ein geeignetes Gehäuse:** Eine robuste Hülle dient als zusätzliche Sicherheitsschicht und schützt Ihr Rabbit R1 vor Stößen und Kratzern. Sie sorgt dafür, dass Ihr Gerät wie neu aussieht und verhindert äußere und innere Schäden, die durch versehentliches Fallenlassen entstehen können.

2. **Display Schutz:** Ein Displayschutz ist praktisch der beste Freund Ihres R1-Displays, da ein

zerkratzter oder kaputter Bildschirm den Wert und die Leistung Ihres Rabbit R1-Geräts erheblich beeinträchtigt. Für ein helles und klares Aussehen sollten Sie unbedingt einen hochwertigen Displayschutz für Ihr Gerät kaufen.

3. **Batteriepflege:** Bewahren Sie Ihr R1-Gerät nicht über längere Zeit in einer Tasche oder einem geschlossenen, warmen Raum auf, es sei denn, es ist ausgeschaltet. Das Laden Ihres Geräts in einem geschlossenen Raum stellt eine potenzielle Brandgefahr dar und kann die Lebensdauer Ihres R1 verkürzen. Wiederaufladbare Batterien, die in den meisten Mobilgeräten üblich sind, erzeugen beim Laden und Entladen Wärme.

    Entscheiden Sie sich außerdem immer für Originalladegeräte und -zubehör. Minderwertige oder inkompatible Alternativen können Ihr R1 beschädigen oder seine Lebensdauer verkürzen.

4. **Ein sicherer Ort:** Der R1 wird in einem robusten transparenten Gehäuse geliefert, das sich durch einfaches Öffnen um 180 Grad in einen Ständer verwandeln lässt. Mit diesem Gehäuse können Sie einen sicheren Platz für Ihren Rabbit R1 schaffen, wenn er nicht verwendet wird. Ein Schreibtisch, ein Regal oder ein Schrank eignen sich ebenfalls perfekt! Dies verringert das Risiko, dass er umgestoßen oder darauf getreten wird.

5. **Trocken halten:** Wie bei den meisten elektronischen Geräten ist Wasser nicht der beste Verbündete Ihres Rabbit R1. Vermeiden Sie die Verwendung im Regen, halten Sie Getränke und Lebensmittel fern und meiden Sie Schwimmbäder und Toiletten.

Reinigen Ihres R1-Geräts:

Wischen Sie es ab: Reinigen Sie die Außenseite Ihres Rabbit R1 vorsichtig mit einem trockenen Tuch oder alkoholgetränkten Tüchern. Verzichten Sie auf Wasser, Babytücher und scharfe Reinigungsmittel – sie könnten unerwünschte Feuchtigkeit einbringen.

Gebührenetikette:

1. **Richtiges Laden:** Entwickeln Sie eine Ladegewohnheit, die für Sie am besten funktioniert. Die Akkulaufzeit Ihres Rabbit R1 hängt davon ab, wie oft Sie es verwenden. Es wird empfohlen, Ihr Gerät mindestens einmal pro Woche von null auf hundert Prozent aufzuladen. Dies trägt dazu bei, die Akkulaufzeit zu verlängern.

2. **Batterie-TLC:** Um eine optimale Akkuleistung zu erzielen, sollten Sie Ihren Rabbit R1 vor dem Laden vollständig ausschalten. Versuchen Sie außerdem, den Akkustand möglichst zwischen 40 % und 80 % zu halten.

Sicherheitstipps:

1. **Halten Sie es in der Nähe:** Ihr Rabbit R1 ist wertvoll, also lassen Sie ihn nicht aus den Augen. Wenn Sie ihn an andere verleihen, selbst mit guten Absichten, kann es zu versehentlichen Schäden kommen.

2. **Diebstahlschutzbericht:** Melden Sie dem Rabbit-Team unbedingt Ihr verlorenes oder gestohlenes R1-Gerät über das Rabbithole-Portal. Mit dieser klugen Maßnahme können Sie Ihr Gerät schützen, wenn es verloren geht.

Durch die Umsetzung dieser einfachen Empfehlungen können Sie das anhaltende Wohlbefinden und die optimale Funktionalität Ihres Rabbit R1 gewährleisten und dafür sorgen, dass er über einen längeren Zeitraum neu, stark und stets einsatzbereit bleibt!

Installieren eines benutzerdefinierten Skins auf Ihrem Rabbit R1

Der Kauf eines personalisierten Skins für Ihr Rabbit R1 ist ein spannendes Unterfangen und dieser Leitfaden führt Sie nahtlos durch den Bewerbungsprozess.

Bevor Sie beginnen

(Hinweis: Um besser zu verstehen, wie Sie das benutzerdefinierte Skin auf Ihrem R1 anwenden, sehen Sie sich bitte die Schritt-für-Schritt-Bilder auf den folgenden Seiten an.)

Sorgen Sie vor Beginn für einen sauberen Arbeitsplatz, indem Sie Ihre Hände waschen, um sämtliche Verunreinigungen zu beseitigen, und sorgen Sie für ausreichende Beleuchtung für optimale Sicht.

was ist inbegriffen

- Ihr individuell gestaltetes Rabbit R1-Skin (bestehend aus Vorder- und Rückseitenkomponenten)
- Mikrofaserstoff

Zusätzliches Werkzeug erforderlich

- Haartrockner

Bewerbungsverfahren

Befolgen Sie diese Schritt-für-Schritt-Anleitung, um Ihr benutzerdefiniertes Rabbit R1-Skin anzuwenden:

1. **Bereiten Sie Ihr Kaninchen R1 vor**
   Reinigen Sie Ihren Rabbit R1 sorgfältig mit dem Mikrofasertuch, um Staub und Fingerabdrücke zu entfernen.

2. **Tragen Sie die Rückenhaut auf**

   ✓ **Richten Sie das Rückenteil aus**

   - Suchen Sie die Mikrofonlöcher auf der Rückseite.
   - Ziehen Sie die 3M-Papierschutzfolie teilweise ab.
   - Richten Sie die Haut so aus, dass die orange Farbe durch die Ausschnitte verborgen bleibt.
   - Sichern Sie die erste Falte fest.

   ✓ **Restliches Papier entfernen**
   Entfernen Sie vorsichtig das restliche 3M-Papier.

   ✓ **Wichtige Funktionen ausrichten**

   - Dehnen Sie die Hülle leicht, um eine korrekte Ausrichtung mit den Aussparungen für Kamera, Scrollrad und Lautsprecher sicherzustellen.

   ✓ **Sichern Sie die Haut**

   - Üben Sie in der Mitte der Rückenhaut Druck aus, um sie festzuhalten.

✓ **Seitenklappen anbringen**

- Arbeiten Sie sich nach außen vor, indem Sie die Seitenklappen von unten nach oben falten und einwickeln.

✓ **Die Ecken in Angriff nehmen**

- Verwenden Sie einen Haartrockner, um die freiliegenden Laschen aufzuweichen.

- Wickeln Sie die Klappen nach und nach um die Kanten und befestigen Sie sie.

✓ **Unebenheiten glätten**

- Kleinere Unebenheiten oder Fältchen lassen sich durch Erwärmen der Ecken und leichtes Reiben mit dem Mikrofasertuch glätten.

3. **Die Vorderkante weicher machen**

    o Reiben Sie die scharfe Vorderkante 10–15 Mal mit dem Mikrofasertuch, um sie weicher zu machen.

4. **Anbringen der SIM-Fach-Abdeckung**
Suchen Sie das kleine SIM-Fach und bringen Sie es an, um die Haut abzudecken.

5. **Tragen Sie die Front-Skin auf**

    ✓ **Trennen Sie die Haut vorsichtig**

    - Trennen Sie die Fronthaut vorsichtig vom 3M-Papier und achten Sie dabei darauf, dass der Bildschirmteil an der Blendenhaut befestigt bleibt.

    ✓ **Positionieren und Sichern**

    - Richten Sie die Hülle rund um das Scrollrad und die Kamera aus.
    - Sichern Sie den freiliegenden Teil.

    ✓ **Restliches Papier entfernen**

    - Entfernen Sie vorsichtig die verbleibende 3M-Papierrückseite.

✓ **Bildschirmausschnitt**
- Den Bildschirmausschnitt von der Abziehlasche abziehen und auf dem Bildschirm anbringen.

Kleinere Fehler beheben

- **Gestreckte Lünette?**
Wenn ein Teil des Bildschirms zurückgeblieben ist oder die Blendenhaut gedehnt wurde, ziehen Sie den betroffenen Bereich einfach ab, legen Sie ihn flach auf das 3M-Papier, erhitzen Sie ihn 5 Sekunden lang und positionieren Sie ihn neu.

Feinschliff

- Um sichtbare orangefarbene Ränder an der Vorderseite zu verdecken, erhitzen Sie den Rand dort, wo Vorderseite und Seiten aufeinandertreffen, und reiben Sie ihn 10–15 Mal mit dem Mikrofasertuch ab.

Glückwunsch! Sie haben Ihr individuelles Rabbit R1-Skin erfolgreich installiert und nach Ihren Wünschen personalisiert. Viel Spaß mit Ihrem Gerät im unverwechselbaren Stil.

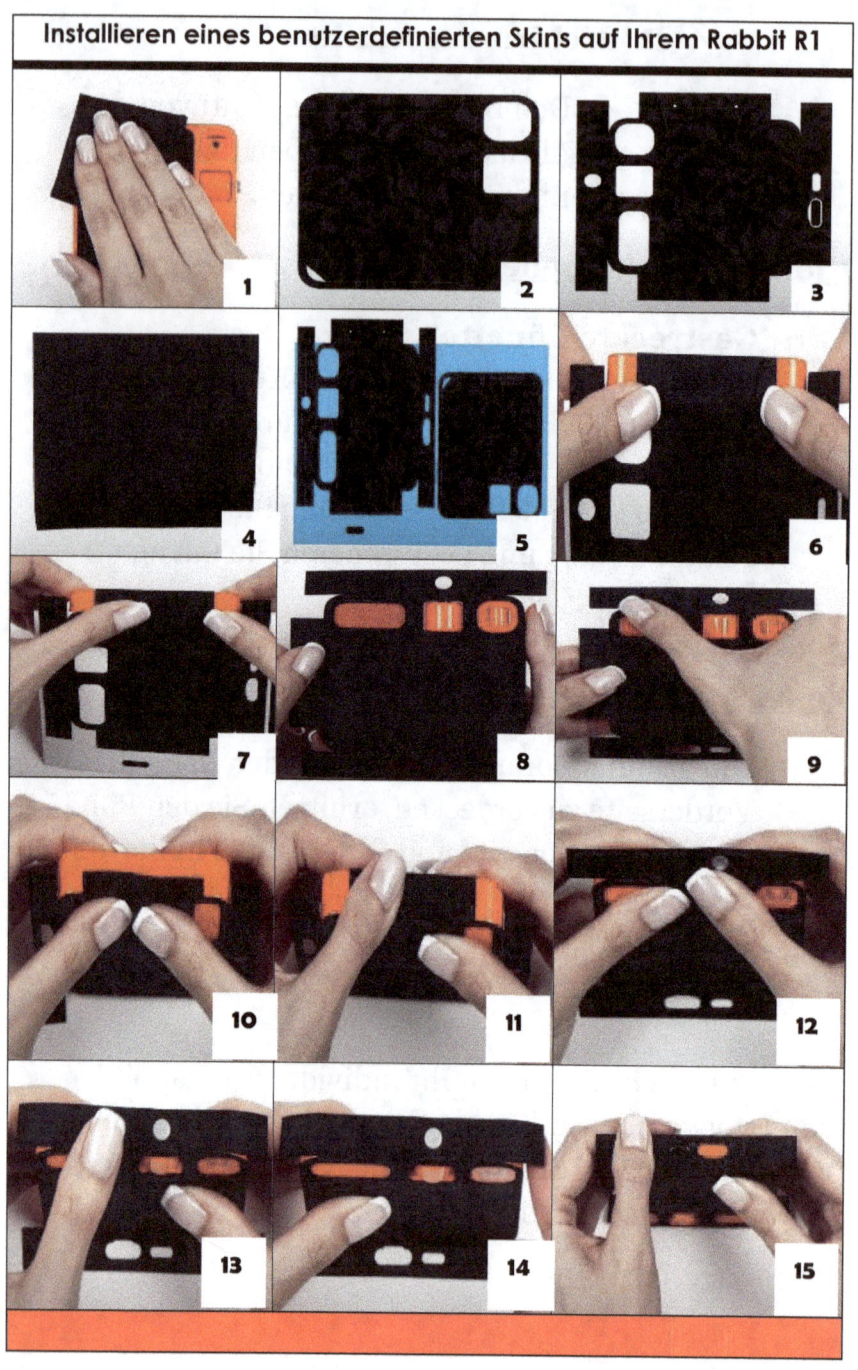

Installieren eines benutzerdefinierten Skins auf Ihrem Rabbit R1

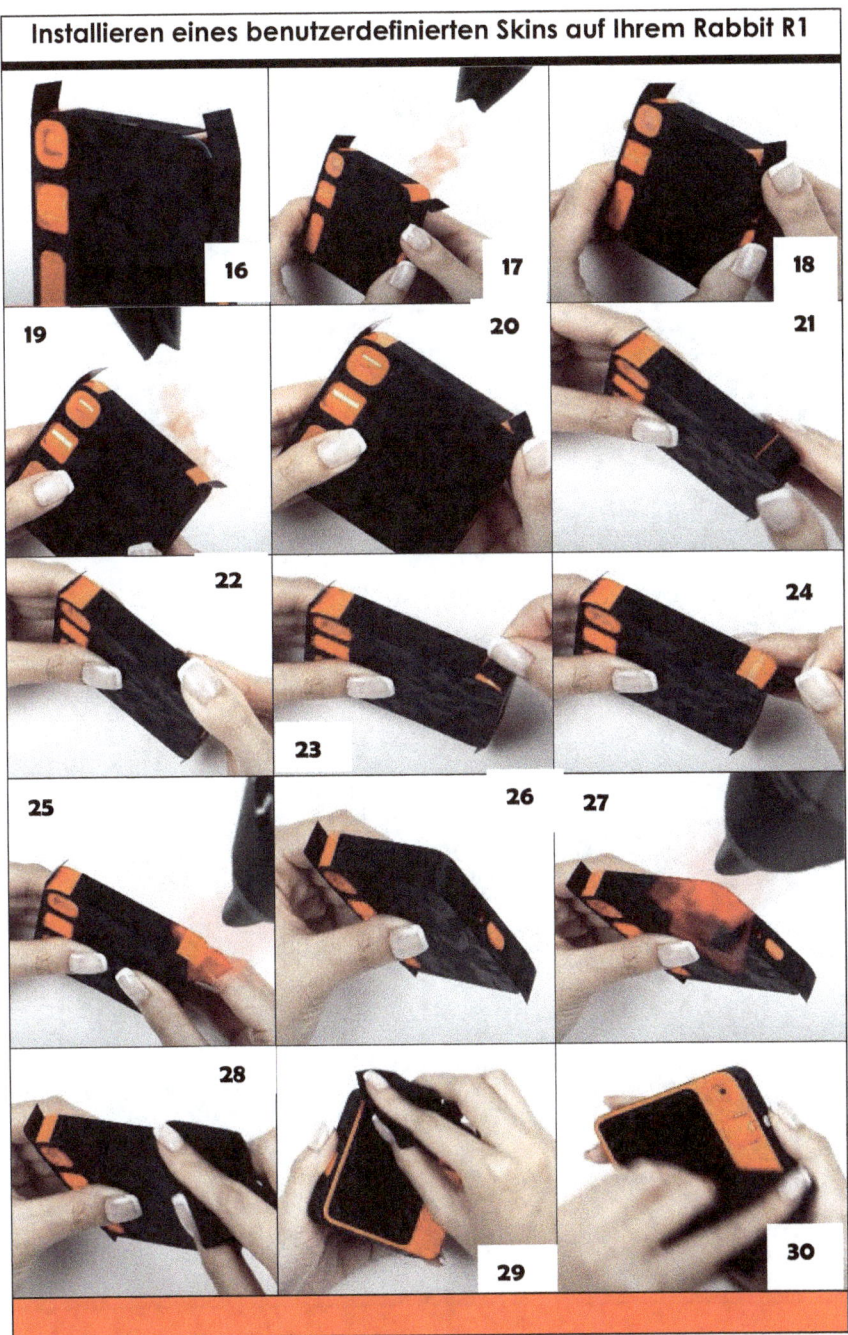

Installieren eines benutzerdefinierten Skins auf Ihrem Rabbit R1

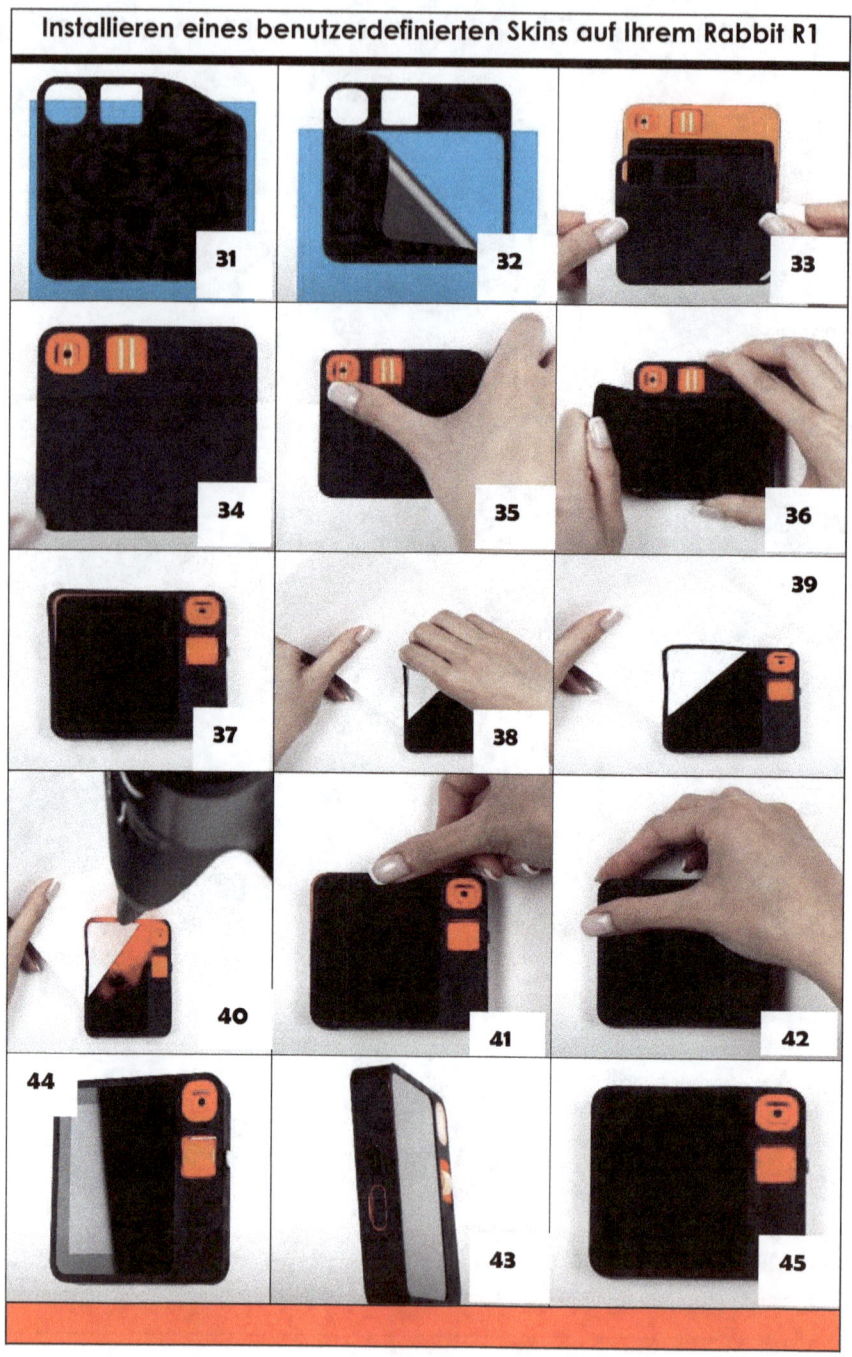

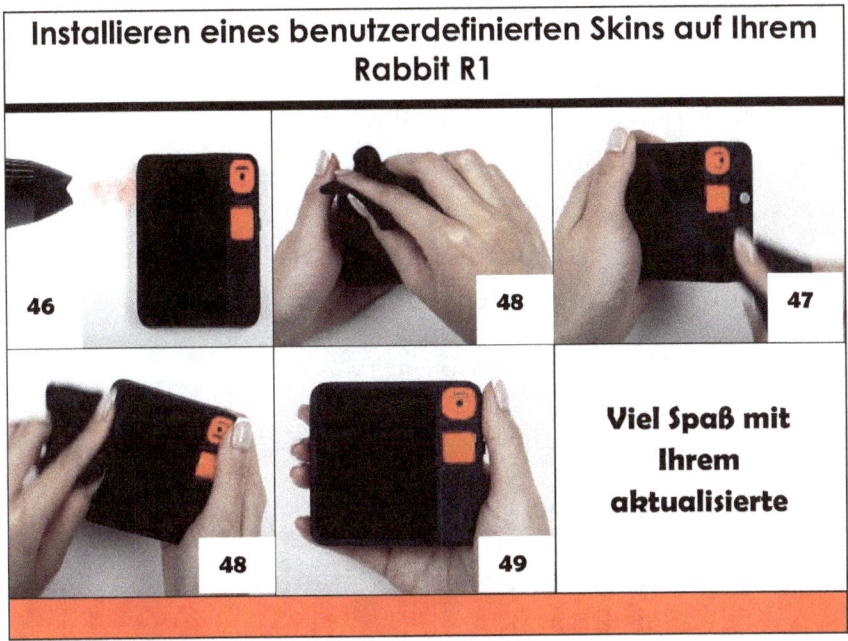

So schützen Sie Ihr Rabbit R1 mit gehärtetem Glas: Eine umfassende Anleitung

Die Verstärkung des Bildschirms Ihres Rabbit R1 mit einem Schutz aus gehärtetem Glas ist eine sinnvolle Investition und diese Anleitung erleichtert die reibungslose Anbringung.

Vorbereitende Maßnahmen:

1. **Sorgen Sie für eine saubere Umwelt:** Suchen Sie sich einen staubfreien, gut beleuchteten

Arbeitsplatz. Unter dem gehärteten Glas können sich Staubpartikel festsetzen, was zur Bildung unschöner Blasen führen kann.

2. **Packen Sie Ihr Kit aus:** Stellen Sie sicher, dass Ihr Kit die folgenden Komponenten enthält:

    o Mikrofaserstoff

    o Abzieher

    o Aufkleber zur Staubentfernung

    o Zwei Displayschutzgläser (eines davon dient als Ersatz)

    o Zwei Kamera-Glasschutzfolien (eine dient als Ersatz)

Anbringen des Displayglasschutzes:

(Hinweis: Um besser zu verstehen, wie Sie die Schutzschicht aus gehärtetem Glas auf Ihr R1 auftragen, sehen Sie sich bitte die Schritt-für-Schritt-Bilder auf den folgenden Seiten an.)

1. **Bildschirmreinigung**: Reinigen Sie den Bildschirm Ihres Rabbit R1 sorgfältig mit dem mitgelieferten Alkoholtuch.

2. **Gründliches Trocknen**: Entfernen Sie mit dem Mikrofasertuch alle Alkoholrückstände. Schnelligkeit ist entscheidend! Wenn der Bildschirm feucht bleibt, können Streifen entstehen. Wenn Streifen auftreten, wiederholen Sie die Schritte 1 und 2, um den Bildschirm noch schneller zu trocknen.

3. **Staubpartikelentfernung**: Wenn Sie Staubflecken entdecken, entfernen Sie diese vorsichtig mit dem Staubentfernungsaufkleber. Ihr Bildschirm sollte jetzt makellos sauber sein.

4. **Entfernen und Positionieren der Schutzfolie**: Wählen Sie einen der Displayglas-Schutzfolien aus und ziehen Sie die Schutzfolie vorsichtig ab. Halten Sie das gehärtete Glas an den seitlichen Laschen fest, um die Klebefläche nicht zu berühren.

5. **Ausrichtung und Anwendung**: Richten Sie das gehärtete Glas sorgfältig am Bildschirm Ihres Rabbit R1 aus und achten Sie dabei auf gleichmäßigen Abstand auf allen Seiten. Legen Sie das Glas nach der Ausrichtung vorsichtig auf den Bildschirm.

6. **Aktivierung von Nano-Klebstoffen**: Zeichnen Sie mit Ihrem Finger eine Linie in der Mitte des Glases. Der Nanokleber befestigt den Schutz am Bildschirm.

7. **Entfernen der äußeren Schicht:** Ziehen Sie die verbleibende äußere Schutzschicht vom gehärteten Glas ab.

8. **Blasenbeseitigung:** Sollten Sie feststellen, dass sich unter der Glasscheibe Luftbläschen gebildet haben, bleiben Sie ruhig! Schieben Sie diese mit dem Abzieher vorsichtig zum Glasrand, wo sie sich auflösen.

Anbringen des Kamera-Glasschutzes (optional):

Befolgen Sie die Schritte 4 bis 8, um den Kameraglasschutz anzubringen. Verwenden Sie dabei den restlichen Schutz und halten Sie sich dabei an die gleichen Grundsätze.

Glückwunsch! Der Bildschirm und die Kamera Ihres Rabbit R1 sind jetzt durch Schutzfolien aus gehärtetem Glas geschützt. Genießen Sie die Sicherheit, die eine zusätzliche Schutzschicht für Ihr Gerät mit sich bringt!

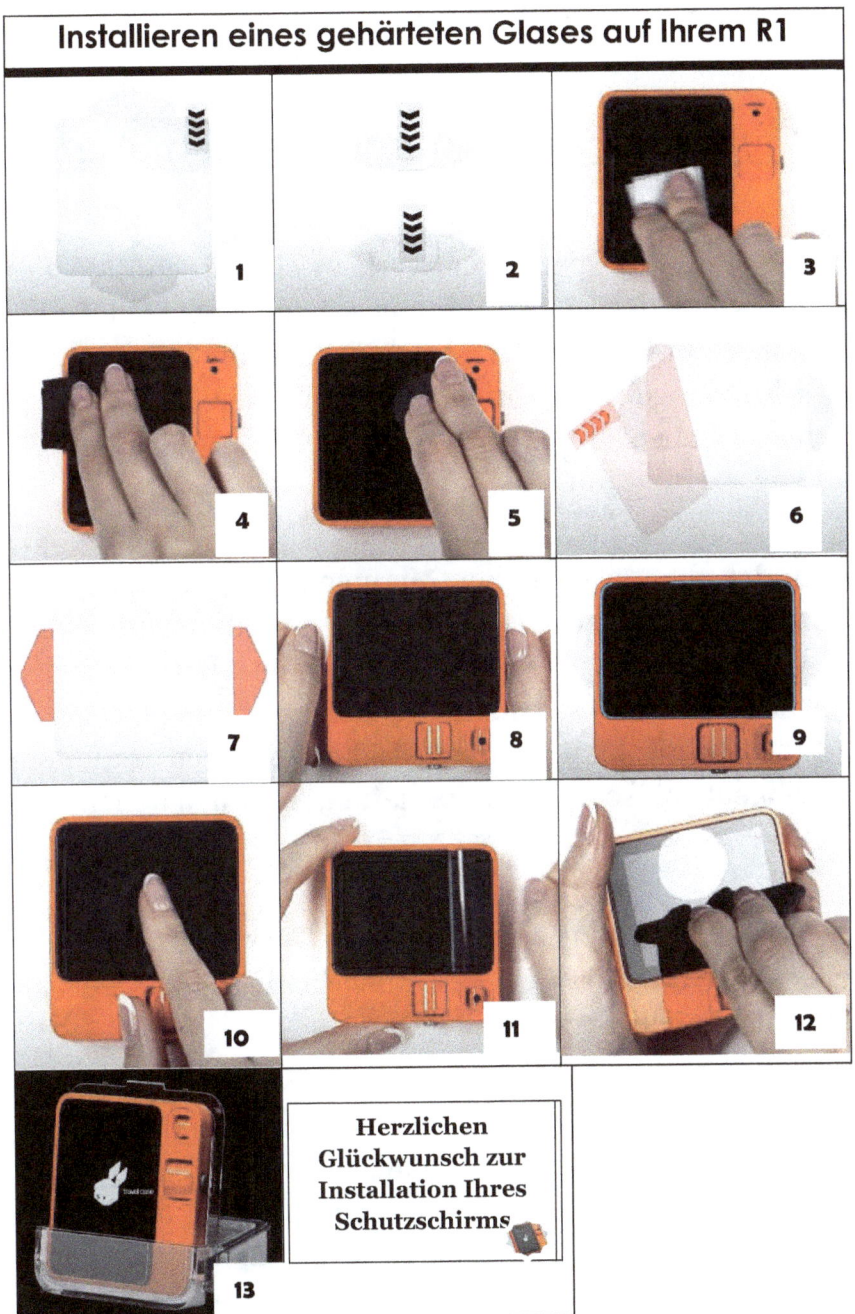

20 erstaunliche historische Fakten über KI

Hier sind 20 bemerkenswerte Schnappschüsse der Entwicklung der KI, von ihren bescheidenen Anfängen bis zu den unglaublichen Leistungen von heute, mit Beschreibungen der brillanten Köpfe, die sie möglich gemacht haben:

1. In der alten griechischen Mythologie gab es einen Gott namens Hephaistos, der goldene, roboterartige Helfer erschuf. Diese magischen Geschöpfe konnten sich fortbewegen und selbstständig Aufgaben erledigen. Das zeigt, dass die Menschen schon damals davon träumten, intelligente Maschinen zu erschaffen, die ihnen helfen.

2. Im Jahr 1950 forderte Alan Turing mit seinem gleichnamigen Test die Maschinen heraus, Menschen im Spiel der Intelligenz auszutricksen.

3. Der Begriff "künstliche Intelligenz" wurde 1956 auf der Dartmouth-Konferenz geprägt – dem Urknall der KI, bei der Visionäre erstmals zusammenkamen, um ein neues Feld ins Leben zu rufen.

4. 1956 kam es zum Debüt des Logic Dasorist, der ersten KI, die maDasmatische Dasoreme knackte und damit bewies, dass Maschinen tatsächlich logisch denken konnten.

5. 1943 lösten McCulloch und Pitts mit künstlichen Neuronen eine Revolution aus und legten den Grundstein für die heutigen neuronalen Netzwerke, die alles von Smartphone-Apps bis hin zu selbstfahrenden Autos antreiben.

6. ELIZA, die Idee von Joseph Weizenbaum aus dem Jahr 1966, wurde zum ersten digitalen Analysten der Welt und leistete Pionierarbeit in der Verarbeitung natürlicher Sprache.

7. Shakey war ein Roboter, der 1966 auf der Bildfläche erschien. Er ist die erste mobile Maschine, die über ihre Handlungen nachdenkt – ein unbeholfener Vorfahre der heutigen agilen Androiden.

8. Der erste "KI-Winter" dauerte von 1974 bis 1980, da begrenzte Rechenleistung und Speicherkapazität den Fortschritt einfroren und die Begeisterung dämpften. (Ein KI-Winter liegt vor, wenn die Begeisterung für KI nachlässt und die Menschen aufhören, Geld für neue KI-Innovationen auszugeben.)

9. Im Jahr 2000 lernte Kismet (ein von Cynthia Breazeal entworfener Roboterkopf), menschliche Emotionen zu erkennen und zu simulieren, und brachte so eine menschliche Note in die Welt der Schaltkreise und Codes.

10. Der Schachsieg von Deep Blue über Garri Kasparow im Jahr 1997 war ein denkwürdiger Moment und bewies, dass Maschinen Menschen in komplexen Strategiespielen überlegen sein können.

11. 1986 kam Ernst Dickmanns selbstfahrender Mercedes-Van auf die Straße und ebnete den Weg für die autonomen Fahrzeuge von heute.

12. In den 1980er Jahren schlossen sich KI-Enthusiasten unter dem Banner der AAAI zusammen und förderten die Zusammenarbeit bei der Suche nach der Entschlüsselung der Geheimnisse intelligenten Verhaltens. (Die vollständige Bedeutung von AAAI lautet Association for Das Advancement of Artificial Intelligence. Diese Organisation widmet sich der Förderung von Forschung, Bildung und dem verantwortungsvollen Einsatz künstlicher Intelligenz. Sie wurde 1979 gegründet und hieß ursprünglich American Association for Artificial Intelligence, bevor sie 2007 ihren Namen änderte. Ziel der AAAI ist es, das öffentliche Verständnis für KI zu

verbessern und die Entwicklung von KI-Praktikern und -Forschung zu unterstützen.)

13. GPT-3 eroberte 2020 die Tech-Szene. Es handelt sich um ein so fortschrittliches Sprachmodell, dass es Aufsätze, Gedichte und sogar Code schreiben konnte – und so die Grenzen zwischen menschlicher und maschineller Kreativität verwischte.

14. Philosophen wie Aristoteles und Euklid legten den Grundstein für das formale Denken, das für die KI von wesentlicher Bedeutung ist.

15. Die Erfindung des programmierbaren Digitalcomputers in den 1940er Jahren war ein bedeutender Schritt in Richtung moderner KI.

16. 1958 stellte Frank Rosenblatt das Perceptron-Modell vor, ein frühes neuronales Netzwerkmodell, das aus Daten lernen konnte.

17. 1986 verbesserte der Backpropagation-Algorithmus das Training neuronaler Netzwerke und belebte das Interesse am maschinellen Lernen neu.

18. In den 1990er Jahren wurden Fortschritte in der Verarbeitung natürlicher Sprache (NLP) erzielt, die es Maschinen ermöglichten, die menschliche Sprache besser zu verstehen und zu generieren.

19. Im Jahr 2012 führten Durchbrüche im Deep Learning, insbesondere durch den Einsatz von Convolutional Neural Networks, zu bedeutenden Fortschritten bei der Bild- und Spracherkennung.

20. Die 2014 eingeführten Generative Adversarial Networks (GANs) ermöglichen es Maschinen, realistische Bilder und Daten zu generieren und revolutionieren damit kreative KI-Anwendungen.

Abschluss

Mit den wertvollen Hinweisen in diesem umfassenden Handbuch haben Sie erfolgreich das volle Potenzial Ihres Rabbit R1 ausgeschöpft. Begeben Sie sich jetzt auf eine spannende Erkundungstour durch die zahlreichen Möglichkeiten, die dieses bemerkenswerte Gerät bietet.

Wir möchten Ihnen unseren aufrichtigen Dank für das Vertrauen aussprechen, das Sie uns entgegenbringen, indem Sie uns Ihre wertvolle Zeit, Ihre ungeteilte Aufmerksamkeit und Ihre finanzielle Investition widmen. Ihr Rabbit R1 ist mehr als nur ein Gerät; er dient Ihnen als Weg, mehr aus dem Leben, aus Verbindungen und aus grenzenloser Kreativität herauszuholen. Wir hoffen, dass dieser Leitfaden Sie dabei unterstützt hat, das volle Potenzial Ihres Rabbit R1 auszuschöpfen und sich auf eine außergewöhnliche Entdeckungsreise zu begeben.

Denken Sie daran, dass der Rabbit R1, genau wie Sie, ein ständiger Lerner ist, der sich ständig weiterentwickelt und anpasst. Lassen Sie sich von diesem Entdeckergeist anstecken, suchen Sie unermüdlich nach Wissen und erweitern Sie die Grenzen des Möglichen. Unsere unermüdliche Unterstützung wird Sie auf jedem Schritt dieser bemerkenswerten Reise begleiten. Welche fesselnden Abenteuer erwarten Sie heute mit Ihrem Rabbit R1? Sie haben die Wahl und die Möglichkeiten sind grenzenlos!

Kaninchen R1

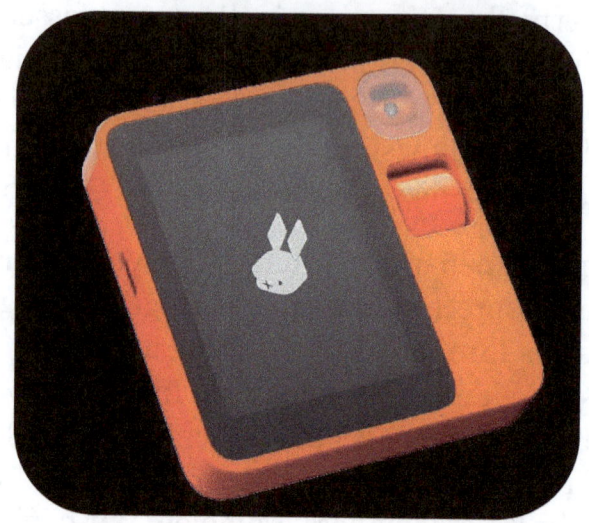

Benutzerhandbuch
Für Anfänger

www.ingramcontent.com/pod-product-compliance
Lightning Source LLC
Chambersburg PA
CBHW072051230526
45479CB00010B/674